Bucătăria vegetală
Rețete delicioase și sănătoase pentru o viață fără carne

Ana Maria Popescu

Copyright 2023

Toate drepturile rezervate

Toate drepturile rezervate. Nicio parte a acestei cărți nu poate fi reprodusă sau copiată sub nicio formă sau prin orice mijloc, electronic sau mecanic, inclusiv fotocopiere, înregistrare sau orice sistem de stocare și recuperare a informațiilor, fără permisiunea scrisă a editorului, cu excepția includerii de citate scurte într-un revizuire.

Notificare-Disclaimer

Scopul informațiilor conținute în această carte este să fie cât mai exacte posibil. Autorul și editorul nu au nicio responsabilitate sau răspundere față de nimeni pentru orice pierdere sau daune cauzate sau presupuse a fi cauzate, direct sau indirect, de informațiile furnizate în această carte.

rezumat

Introducere 12

Indian tradițional Rajma Dal 19

Salata de fasole rosie 21

Tocană De Fasole Anasazi și Legume 23

Ușor și sățios Shakshuka 25

Chili de modă veche 27

Salată ușoară de linte roșie 30

Salată mediteraneană de năut 32

Tocană tradițională de fasole toscană (Ribollita) 35

Linte Beluga și amestec de legume 37

Boluri mexicane de taco cu naut 39

Din indianul Makhani 41

Bol de fasole în stil mexican 43

Minestron clasic italian 45

Tocană de linte verde cu varză 47

Medley de legume de grădină cu năut 49

Salsa de fasole fierbinte 51

Salată chinezească de soia 53

Tocană de linte și legume de modă veche 56

Indian Chana Masala 58

Pate De Fasole Rosie 60

Bol de linte maro 62

Supă de fasole Anasazi fierbinte și picant 64

Salată de mazăre cu ochi negri (Ñebbe) 66

Celebrul ardei iute al mamei 68

Salată De Naut Cu Crema De Nuci De Pin 70

Buda Bol De Fasole Neagră 72

Tocană de năut din Orientul Mijlociu 74

Sos De Linte Si Rosii 76

Salată cremoasă de mazăre 78

Hummus Za'atar din Orientul Mijlociu 81

Salata De Linte Cu Nuci De Pin 83

Salată caldă de fasole Anasazi 85

Tocană tradițională Mnazaleh 87

Cremă tartinabilă de linte roșie piperată 89

Mazăre de zăpadă condimentată prăjită cu wok 91

Chili rapid în fiecare zi 93

Salată de mazăre cu ochi negri 95

Avocado Umplut Cu Naut 97

supa de fasole neagra 99

Salata De Linte Beluga Cu Ierburi 103

Salată de fasole italiană 106

Roșii Umplute Cu Fasole Albă 108

Supă de iarnă cu mazăre cu ochi negri 110

Chiftele de fasole roșie 112

burgeri de mazăre de casă 114

Tocană de spanac cu fasole neagră 116

Bilele Energetice pentru Morcovi 118

Mușcături crocante de cartofi dulci 120

Morcovi pentru bebeluși glazurați prăjiți 122

Chips de varză la cuptor 124

Dip de brânză caju 126

Dip picant cu hummus 128

Mutabal tradițional libanez 131

Naut prajit in stil indian 133

Avocado cu sos tahini 135

Cartofi Dulci 137

Salsa De Roșii și Ardei Prăjiți 139

Mix clasic de petrecere 141

Crostini cu ulei de măsline 143

Chiftele vegane clasice 144

Păstârnac prăjit cu balsamic 146

Baba Ganoush tradițional 149

Mușcături de curmale cu unt de arahide 151

Dip de conopidă prăjită 152

Rulouri ușoare de dovlecel 154

Cartofi prăjiți Chipotle Dulci 156

Sos de fasole Cannellini 158

Conopida prăjită condimentată 160

Toum libanez ușor 163

Avocado cu sos de ghimbir picant 165

Pregătit pentru gustări cu năut 167

Muhammara Dip cu o răsucire 169

Crostini cu spanac, naut si usturoi 171

Chiftele Ciuperci Și Fasole Cannellini 174

Rotunde de castraveți cu hummus 176

Mușcături de jalapeño umplute 177

Inele de ceapă în stil mexican 179

Legume rădăcinoase prăjite 181

Hummus în stil indian 183

Salsa De Morcovi și Fasole Prăjită 185

Sushi cu dovlecei rapid și ușor 187

Roșii Cherry Cu Hummus 189

Ciuperci buton la cuptor 191

Chips de varză 194

Barci cu avocado hummus.. 196

Ciuperci Nacho umplute 198

Învelișuri de salată verde cu hummus și avocado 200

Varză de Bruxelles prăjită 202

Poppers de cartofi dulci Poblano 204

Chips de dovlecel copt 206

Dip autentic libanez 208

Chiftele vegane din fulgi de ovaz... 210

Barci cu ardei cu salsa de mango 212

Buchetele de broccoli picante cu rozmarin 214

Chipsuri crocante de sfeclă roșie la cuptor 216

Unt vegan clasic 217

Chipurile mediteraneene de dovlecei 218

Introducere

Abia până de curând, tot mai mulți oameni încep să adopte stilul de viață alimentar pe bază de plante. Exact ceea ce a atras zeci de milioane de oameni în acest stil de viață este discutabil. Cu toate acestea, există tot mai multe dovezi că respectarea unui stil de viață alimentar bazat în principal pe plante duce la un control mai bun al greutății și la o sănătate generală, fără multe boli cronice. Care sunt beneficiile pentru sănătate ale unei diete pe bază de plante? După cum se dovedește, consumul pe bază de plante este una dintre cele mai sănătoase diete din lume. Dietele vegane sănătoase includ o mulțime de produse proaspete, cereale integrale, leguminoase și grăsimi sănătoase precum semințele și nucile. Sunt bogate în antioxidanți, minerale, vitamine și fibre alimentare. Cercetările științifice actuale au arătat că un consum mai mare de alimente pe bază de plante este asociat cu un risc mai scăzut de mortalitate prin boli precum bolile cardiovasculare, diabetul de tip 2, hipertensiunea arterială și obezitatea. Planurile de mese vegane se bazează adesea în mare măsură pe alimentele de bază sănătoase, evitând produsele de origine animală încărcate cu antibiotice, aditivi și hormoni. De asemenea, consumul unei proporții mai mari de aminoacizi esențiali cu proteine animale poate fi dăunător sănătății umane. Deoarece produsele de origine animală conțin cu 8 mai multe grăsimi decât alimentele pe bază de plante, nu este surprinzător faptul că studiile au arătat că cei care mănâncă carne au o rată de obezitate de nouă ori mai mare decât veganii. Acest lucru ne duce la următorul punct, unul dintre cele mai mari beneficii ale dietei vegane: pierdere în greutate. În timp ce mulți oameni aleg să trăiască o viață vegană din motive etice, dieta în sine vă poate ajuta să vă atingeți obiectivele de pierdere în greutate. Dacă te străduiești să slăbești, poate vrei să te gândești să încerci o dietă pe bază de plante. Cum anume? Ca vegan, vei reduce numărul de alimente bogate în calorii, cum ar fi produsele lactate cu grăsimi, peștele gras, carnea de porc și alte alimente care conțin colesterol, cum ar fi ouăle. Încercați să schimbați aceste alimente cu alternative bogate în fibre și proteine, care vă vor menține satul mai mult timp. Cheia este să vă concentrați pe alimente dense în nutrienți, curate și naturale și să evitați caloriile goale, cum ar fi zahărul, grăsimile saturate și alimentele foarte procesate. Iată câteva trucuri care mă ajută să-mi mențin greutatea pe o dietă vegană de ani de zile. Eu mananc legume ca fel principal; Consumă grăsimi bune cu moderație – o grăsime bună precum uleiul de măsline nu te îngrașă; Fac sport în mod regulat și gătesc acasă. A se distra! Dacă te străduiești să slăbești, poate vrei să te gândești să încerci o dietă pe bază de plante. Cum anume? Ca vegan, vei reduce numărul de alimente bogate în calorii, cum ar fi produsele lactate cu grăsimi, peștele gras, carnea de porc și alte alimente care conțin colesterol, cum ar fi ouăle. Încercați să schimbați aceste alimente cu alternative bogate în fibre și proteine, care vă vor menține satul mai mult timp. Cheia este să vă concentrați pe alimente dense în nutrienți, curate și naturale și să evitați caloriile goale, cum ar fi zahărul, grăsimile saturate și alimentele foarte procesate. Iată câteva trucuri care mă ajută să-mi mențin greutatea pe o dietă vegană de ani de zile. Eu mananc legume ca fel principal; Consumă grăsimi bune cu moderație – o grăsime bună precum uleiul de măsline nu te îngrașă; Fac sport în mod regulat și gătesc acasă. A se distra! Dacă te străduiești să slăbești, poate vrei să te gândești să încerci o dietă pe bază de plante. Cum anume? Ca vegan, vei reduce numărul de alimente bogate în calorii, cum ar fi produsele lactate cu grăsimi, peștele gras, carnea de porc și alte alimente care conțin colesterol, cum ar fi ouăle. Încercați să schimbați aceste alimente cu alternative bogate în fibre și proteine, care vă vor menține satul mai mult timp. Cheia este să vă concentrați pe alimente dense în nutrienți, curate și naturale și să evitați caloriile goale, cum ar fi zahărul, grăsimile saturate și alimentele foarte procesate. Iată câteva trucuri care mă ajută să-mi mențin greutatea pe o dietă vegană de ani de zile. Eu mananc legume ca fel principal; Consumă grăsimi bune cu moderație – o grăsime bună precum uleiul de măsline nu te îngrașă; Fac sport în mod regulat și gătesc acasă. A se distra! Cum anume? Ca vegan, vei reduce numărul de alimente bogate în calorii, cum ar fi produsele lactate cu grăsimi, peștele gras, carnea de porc și alte alimente care conțin colesterol, cum ar fi ouăle. Încercați să schimbați aceste alimente cu alternative bogate în fibre și proteine, care vă vor menține sătul mai mult timp. Cheia este să vă concentrați pe alimente dense în nutrienți, curate și naturale și să evitați caloriile goale, cum ar fi zahărul, grăsimile saturate și alimentele foarte procesate. Iată câteva trucuri care mă ajută să-mi mențin greutatea pe o dietă vegană de ani de zile. Eu mananc legume ca fel principal; Consumați grăsimi bune cu moderație – o grăsime bună precum uleiul de măsline măslinele nu te îngrașă; Fac sport în mod regulat și gătesc acasă. A se distra! Cum anume? Ca vegan, vei reduce numărul de alimente bogate în calorii, cum ar fi produsele lactate cu grăsimi, peștele gras, carnea de porc și alte alimente care conțin colesterol, cum ar fi ouăle. Încercați să schimbați aceste alimente cu alternative bogate în fibre și proteine, care vă vor menține sătul mai mult timp. Cheia este să vă concentrați pe alimente dense în nutrienți, curate și naturale și să evitați caloriile goale, cum ar fi zahărul, grăsimile saturate și alimentele foarte procesate. Iată câteva trucuri care mă ajută să-mi mențin greutatea pe o dietă vegană de ani de zile. Eu mananc legume ca fel principal; Consumă grăsimi bune cu moderație – o grăsime bună precum uleiul de măsline nu te îngrașă; Fac sport în mod regulat și gătesc acasă. A se distra! Încercați să schimbați aceste alimente cu alternative bogate în fibre și proteine, care vă vor menține sătul mai mult timp. Cheia este să vă concentrați pe alimente dense în nutrienți, curate și naturale și să evitați caloriile goale, cum ar fi zahărul, grăsimile saturate și alimentele foarte procesate. Iată câteva trucuri care mă ajută să-mi mențin greutatea pe o dietă vegană de ani de zile. Eu mananc legume ca fel principal; Consumă grăsimi bune cu moderație – o grăsime bună precum uleiul de măsline nu te îngrașă; Fac sport în mod regulat și gătesc acasă. A se distra! Încercați să schimbați aceste alimente cu alternative bogate în fibre și proteine, care vă vor menține satul mai mult timp. Cheia este să vă concentrați pe alimente dense în nutrienți, curate și naturale și să evitați caloriile goale, cum ar fi zahărul, grăsimile saturate și alimentele foarte procesate. Iată câteva trucuri care mă ajută să-mi mențin greutatea pe o dietă vegană de ani de zile. Eu mananc legume ca fel principal; Consumă grăsimi bune cu moderație – o grăsime bună precum uleiul de măsline nu te îngrașă; Fac sport în mod regulat și gătesc acasă. A se distra! Consumă grăsimi bune cu moderație – o grăsime bună precum uleiul de măsline nu te îngrașă; Fac sport în mod regulat și gătesc acasă. A se distra! Consumă grăsimi bune cu moderație – o grăsime bună precum uleiul de măsline nu te îngrașă; Fac sport în mod regulat și gătesc acasă. A se distra! Consumă grăsimi bune cu moderație – o grăsime bună precum uleiul de măsline nu te îngrașă; Fac sport în mod regulat și gătesc acasă. A se distra! Consumă grăsimi bune cu moderație – o grăsime bună precum uleiul de măsline nu te îngrașă; Fac sport în mod regulat și gătesc acasă. A se distra! Consumă grăsimi bune cu moderație – o grăsime bună precum uleiul de măsline nu te îngrașă; Fac sport în mod regulat și gătesc acasă. A se distra! Consumă grăsimi bune cu moderație – o grăsime bună precum uleiul de măsline nu te îngrașă; Fac sport în mod regulat și gătesc acasă. A se distra!

Indian tradițional Rajma Dal

(Gata in aproximativ 20 de minute | 4 portii)

Per porție: Calorii: 269; Grăsimi: 15,2 g; Carbohidrați: 22,9 g; Proteine: 7,2 g

ingrediente

3 linguri de ulei de susan

1 lingurita de ghimbir, tocat

1 lingurita de seminte de chimen

1 lingurita seminte de coriandru

1 ceapa mare, tocata

1 tulpină de țelină, tocată

1 lingurita de usturoi, tocat

1 cană de sos de roșii

1 lingurita garam masala

1/2 lingurita praf de curry

1 baton mic de scortisoara

1 ardei iute verde, fără semințe și tocat

2 cani de fasole rosie conservata, scursa

2 căni de bulion de legume

Sare kosher și piper negru măcinat, după gust

Directii

Într-o cratiță, încălziți uleiul de susan la foc mediu-mare; acum, căleți ghimbirul, semințele de chimen și semințele de coriandru până când sunt parfumate sau aproximativ 30 de secunde sau cam așa ceva.

Adaugati ceapa si telina si continuati sa caliti inca 3 minute pana se inmoaie.

Adăugați usturoiul și continuați să prăjiți încă 1 minut.

Amestecați celelalte ingrediente în cratiță și aduceți focul la fierbere. Continuați să gătiți timp de 10-12 minute sau până când sunt fierte. Serviți cald și bucurați-vă de mâncare!

Salata de fasole rosie

(Gata în aproximativ 1 oră + timpul de răcire rapidă | 6 porții)

Per porție: Calorii: 443; Grăsimi: 19,2 g; Carbohidrați: 52,2 g; Proteine: 18,1 g

ingrediente

3/4 de kilogram de fasole roșie, înmuiată peste noapte

2 ardei grasi, tocati

1 morcov, decojit și ras

3 uncii boabe de porumb congelate sau conservate, scurse

3 linguri pline de eșalotă, tocată

2 catei de usturoi, tocati

1 ardei rosu, feliat

1/2 cană ulei de măsline extravirgin

2 linguri de otet de mere

2 linguri de suc proaspăt de lămâie

Sare de mare si piper negru macinat, dupa gust

2 linguri coriandru proaspăt, tocat

2 linguri patrunjel proaspat, tocat

2 linguri busuioc proaspăt, tocat

Directii

Acoperiți fasolea înmuiată cu un schimb proaspăt de apă rece și aduceți la fierbere. Se fierbe aproximativ 10 minute. Aduceți focul la fierbere și continuați să gătiți timp de 50-55 de minute sau până când se înmoaie.

Lăsați fasolea să se răcească complet, apoi transferați-le într-un bol de salată.

Adăugați celelalte ingrediente și amestecați pentru a se amesteca bine. Bucura-te de masa ta!

Tocană De Fasole Anasazi și Legume

(Gata in aproximativ 1 ora | 3 portii)

Per porție: Calorii: 444; Grăsimi: 15,8 g; Carbohidrați: 58,2 g; Proteine: 20,2 g

ingrediente

1 cană fasole Anasazi, înmuiată peste noapte și scursă

3 căni de bulion de legume prăjite

1 frunză de dafin

1 crenguță de cimbru, tocat

1 crenguță de rozmarin, tocată

3 linguri de ulei de măsline

1 ceapa mare, tocata

2 tulpini de telina, tocate

2 morcovi, tocați

2 ardei gras, fara samburi si tocati

1 ardei iute verde, fără semințe și tocat

2 catei de usturoi, tocati

Sare de mare si piper negru macinat, dupa gust

1 lingurita de piper cayenne

1 lingurita de boia

Directii

Într-o cratiță, aduceți fasolea Anasazi și bulionul la fiert. Odată fiert, aduceți focul la fierbere. Adăugați foaia de dafin, cimbrul și rozmarinul; se fierbe aproximativ 50 de minute sau până când se înmoaie.

Între timp, într-o cratiță cu fundul greu, încălziți uleiul de măsline la foc mediu-mare. În acest moment, căliți ceapa, țelina, morcovii și ardeii timp de aproximativ 4 minute până se înmoaie.

Adăugați usturoiul și continuați să prăjiți încă 30 de secunde sau până devine aromat.

Adăugați amestecul sotat la fasolea fiartă. Se condimentează cu sare, piper negru, piper cayenne și boia de ardei.

Continuați să fierbeți, amestecând din când în când, încă 10 minute sau până când totul este fiert. Bucura-te de masa ta!

Ușor și sățios Shakshuka

(Gata in aproximativ 50 de minute | 4 portii)

Per porție: Calorii: 324; Grăsimi: 11,2 g; Carbohidrați: 42,2 g; Proteine: 15,8 g

ingrediente

2 linguri de ulei de măsline

1 ceapa, tocata

2 ardei grasi, tocati

1 ardei poblano, tocat

2 catei de usturoi, tocati

2 roșii, piure

Sare de mare si piper negru, dupa gust

1 lingurita busuioc uscat

1 lingurita de fulgi de chili

1 lingurita de boia

2 foi de dafin

1 cană de năut, înmuiat peste noapte, clătit și scurs

3 căni de bulion de legume

2 linguri coriandru proaspat, tocat grosier

Directii

Încinge uleiul de măsline într-o cratiță la foc mediu. Odată fierbinte, fierbeți ceapa, ardeii și usturoiul aproximativ 4 minute, până când sunt fragede și aromate.

Adăugați piureul de roșii, sare de mare, piper negru, busuioc, ardei roșu, boia de ardei și foi de dafin.

Aduceți focul la fierbere și adăugați năutul și bulionul de legume. Coaceți timp de 45 de minute sau până când se înmoaie.

Gustați și ajustați condimentele. Turnați shakshuka în boluri individuale și serviți garnisit cu coriandru proaspăt. Bucura-te de masa ta!

Chili de modă veche

(Gata în aproximativ 1 oră și 30 de minute | 4 porții)

Per porție: Calorii: 514; Grăsimi: 16,4 g; Carbohidrați: 72g; Proteine: 25,8 g

ingrediente

3/4 de kilogram de fasole roșie, înmuiată peste noapte

2 linguri de ulei de măsline

1 ceapa, tocata

2 ardei grasi, tocati

1 ardei rosu, tocat

2 batoane de telina, tocate

2 catei de usturoi, tocati

2 foi de dafin

1 lingurita chimen macinat

1 lingurita de cimbru, tocat

1 lingurita boabe de piper negru

20 oz roşii, zdrobite

2 căni de bulion de legume

1 lingurita boia afumata

Sare de mare, dupa gust

2 linguri coriandru proaspăt, tocat

1 avocado, fără sâmburi, decojit şi feliat

Directii

Acoperiţi fasolea înmuiată cu un schimb proaspăt de apă rece şi aduceţi la fierbere. Se fierbe aproximativ 10 minute. Aduceţi focul la fierbere şi continuaţi să gătiţi timp de 50-55 de minute sau până când se înmoaie.

Într-o cratiţă cu fund gros, încălziţi uleiul de măsline la foc mediu. Odată fierbinte, prăjiţi ceapa, ardeiul şi ţelina.

Se calesc usturoiul, foile de dafin, chimenul macinat, cimbrul si boabele de piper negru timp de aproximativ 1 minut.

Se adauga rosiile taiate cubulete, bulionul de legume, boia de ardei, sarea si fasolea fiarta. Se fierbe, amestecând periodic, timp de 25 până la 30 de minute sau până când este fiert.

Serviți ornat cu coriandru proaspăt și avocado. Bucura-te de masa ta!

Salată ușoară de linte roșie

(Gata în aproximativ 20 de minute + timpul de răcire rapidă | 3 porții)

Per porție: Calorii: 295; Grăsimi: 18,8 g; Carbohidrați: 25,2 g; Proteine: 8,5 g

ingrediente

1/2 cană linte roșie, înmuiată peste noapte și scursă

1 1/2 cani de apa

1 crenguță de rozmarin

1 frunză de dafin

1 cană roșii struguri, tăiate la jumătate

1 castravete, feliat subțire

1 ardei gras, feliat subțire

1 catel de usturoi, tocat

1 ceapă, feliată subțire

2 linguri de suc proaspăt de lămâie

4 linguri de ulei de măsline

Sare de mare si piper negru macinat, dupa gust

Directii

Adaugati lintea rosie, apa, rozmarinul si foaia de dafin intr-o cratita si aduceti la fiert la foc iute. Apoi, aduceți focul la fierbere și continuați să gătiți timp de 20 de minute sau până când se înmoaie.

Pune lintea intr-un castron de salata si lasa-le sa se raceasca complet.

Adăugați celelalte ingrediente și amestecați pentru a se amesteca bine. Se serveste la temperatura camerei sau foarte rece.

Bucura-te de masa ta!

Salată mediteraneană de năut

(Gata în aproximativ 40 de minute + timpul de răcire rapidă | 4 porții)

Per porție: Calorii: 468; Grăsimi: 12,5 g; Carbohidrați: 73g; Proteine: 21,8 g

ingrediente

2 căni de năut, înmuiat peste noapte și scurs

1 castravete persan, feliat

1 cană de roșii cherry, tăiate la jumătate

1 ardei gras rosu, fara samburi si feliat

1 ardei verde, fara samburi si feliat

1 lingurita de mustar delicatessen

1 lingurita seminte de coriandru

1 lingurita de ardei jalapeno, tocat

1 lingura de suc proaspat de lamaie

1 lingura de otet balsamic

1/4 cană ulei de măsline extravirgin

Sare de mare si piper negru macinat, dupa gust

2 linguri coriandru proaspăt, tocat

2 linguri de măsline Kalamata, fără sâmburi și feliate

Directii

Puneți năutul într-o cratiță; acoperiți năutul cu apă cu 2 inci. Se aduce la fierbere.

Aduceți imediat focul la fierbere și continuați să gătiți aproximativ 40 de minute sau până când se înmoaie.

Transferați năutul într-un castron de salată. Adăugați celelalte ingrediente și amestecați pentru a se amesteca bine. Bucura-te de masa ta!

Tocană tradițională de fasole toscană (Ribollita)

(Gata in aproximativ 25 de minute | 5 portii)

Per porție: Calorii: 388; Grăsimi: 10,3 g; Carbohidrați: 57,3 g; Proteine: 19,5 g

ingrediente

3 linguri de ulei de măsline

1 praz mediu, tocat

1 telina cu frunze, tocata

1 dovlecel, taiat cubulete

1 ardei italian, feliat

3 catei de usturoi, macinati

2 foi de dafin

Sare kosher și piper negru măcinat, după gust

1 lingurita de piper cayenne

1 conserve (28 oz) de roșii, piure

2 căni de bulion de legume

2 conserve (15 oz) de fasole Great Northern, scursa

2 cani de varza cret, taiata in bucati

1 cană de crutoane

Directii

Într-o cratiță cu fund gros, încălziți uleiul de măsline la foc mediu. Odată fierbinte, rumeniți prazul, țelina, dovleceii și ardeiul timp de aproximativ 4 minute.

Se calesc usturoiul si foile de dafin aproximativ 1 minut.

Adăugați condimentele, roșiile, bulionul și fasolea conservată. Fierbeți, amestecând ocazional, aproximativ 15 minute sau până când sunt fierte.

Adăugați varza și continuați să gătiți, amestecând din când în când, timp de 4 minute.

Se servesc ornat cu crutoane. Bucura-te de masa ta!

Linte Beluga și amestec de legume

(Gata in aproximativ 25 de minute | 5 portii)

Per porție: Calorii: 382; Grăsimi: 9,3 g; Carbohidrați: 59g; Proteine: 17,2 g

ingrediente

3 linguri de ulei de măsline

1 ceapa, tocata

2 ardei gras, fara samburi si tocati

1 morcov, decojit și tocat

1 pastarnac, curatat si tocat

1 lingurita de ghimbir, tocat

2 catei de usturoi, tocati

Sare de mare si piper negru macinat, dupa gust

1 dovlecel mare, tăiat cubulețe

1 cană de sos de roșii

1 cană de bulion de legume

1 1/2 cani de linte beluga, inmuiata peste noapte si scursa

2 căni de smog elvețian

Directii

Într-un cuptor olandez, încălziți uleiul de măsline până sfârâie. Prăjiți acum ceapa, ardeiul, morcovul și păstârnacul până se înmoaie.

Adăugați ghimbirul și usturoiul și continuați să soțiți încă 30 de secunde.

Acum adaugam sarea, piperul negru, dovleceii, sosul de rosii, bulionul de legume si lintea; lasam sa fiarba aproximativ 20 de minute pana cand totul este bine fiert.

Adăugați mătgul; acoperiți și gătiți încă 5 minute. Bucura-te de masa ta!

Boluri mexicane de taco cu naut

(Gata in aproximativ 15 minute | 4 portii)

Per porție: Calorii: 409; Grăsimi: 13,5 g; Carbohidrați: 61,3 g; Proteine: 13,8 g

ingrediente

2 linguri de ulei de susan

1 ceapa rosie, tocata

1 ardei habanero, tocat

2 catei de usturoi, macinati

2 ardei grasi, fara samburi si taiati cubulete

Sare de mare și piper negru măcinat

1/2 linguriță de oregano mexican

1 lingurita chimen macinat

2 roșii coapte, făcute piure

1 lingurita zahar brun

16 uncii de naut la conserva, scurs

4 tortilla de făină (8 inci).

2 linguri coriandru proaspăt, tocat grosier

Directii

Într-o tigaie mare, încălziți uleiul de susan la foc moderat. Apoi, căleți ceapa timp de 2 până la 3 minute sau până când se înmoaie.

Adăugați ardeii și usturoiul și continuați să soțiți timp de 1 minut sau până când se simte parfumat.

Adăugați condimentele, roșiile și zahărul brun și aduceți la fierbere. Aduceți imediat focul la fierbere, adăugați năutul din conserva și gătiți încă 8 minute sau până se încălzește.

Prăjiți tortilla și aranjați-le cu amestecul de năut pregătit.

Acoperiți cu coriandru proaspăt și serviți imediat. Bucura-te de masa ta!

Din indianul Makhani

(Gata in aproximativ 20 de minute | 6 portii)

Per porție: Calorii: 329; Grăsimi: 8,5 g; Carbohidrați: 44,1 g; Proteine: 16,8 g

ingrediente

3 linguri de ulei de susan

1 ceapa mare, tocata

1 ardei gras, fara samburi si tocat

2 catei de usturoi, tocati

1 lingura de ghimbir, ras

2 ardei iute verzi, fara samburi si tocati

1 lingurita de seminte de chimen

1 frunză de dafin

1 lingurita pudra de turmeric

1/4 linguriță ardei roșu

1/4 linguriță ienibahar măcinat

1/2 lingurita garam masala

1 cană de sos de roșii

4 căni de bulion de legume

1 1/2 cani de linte neagra, inmuiata peste noapte si scursa

4-5 frunze de curry, pentru ornat h

Directii

Într-o cratiță, încălziți uleiul de susan la foc mediu-mare; acum, caliti ceapa si ardeiul gras inca 3 minute pana se inmoaie.

Adăugați usturoiul, ghimbirul, ardeiul verde, semințele de chimen și frunza de dafin; continuați să soțiți, amestecând des, timp de 1 minut sau până când se simte parfumat.

Combinați celelalte ingrediente, cu excepția frunzelor de curry. Acum, aduceți focul la fierbere. Continuați să gătiți încă 15 minute sau până când este fiert.

Se ornează cu frunze de curry și se servește fierbinte!

Bol de fasole în stil mexican

(Gata în aproximativ 1 oră + timpul de răcire rapidă | 6 porții)

Per porție: Calorii: 465; Grăsimi: 17,9 g; Carbohidrați: 60,4 g; Proteine: 20,2 g

ingrediente

1 kilogram de fasole roșie, înmuiată peste noapte și scursă

1 cană boabe de porumb conservate, scurse

2 ardei copți, tăiați felii

1 ardei iute, tocat fin

1 cană de roșii cherry, tăiate la jumătate

1 ceapa rosie, tocata

1/4 cana coriandru proaspat, tocat

1/4 cana patrunjel proaspat, tocat

1 lingurita de oregano mexican

1/4 cană oțet de vin roșu

2 linguri de suc proaspăt de lămâie

1/3 cană ulei de măsline extravirgin

Sare de mare și negru măcinat, după gust

1 avocado, decojit, fără sâmburi și feliat

Directii

Acoperiți fasolea înmuiată cu un schimb proaspăt de apă rece și aduceți la fierbere. Se fierbe aproximativ 10 minute. Aduceți focul la fierbere și continuați să gătiți timp de 50-55 de minute sau până când se înmoaie.

Lăsați fasolea să se răcească complet, apoi transferați-le într-un bol de salată.

Adăugați celelalte ingrediente și amestecați pentru a se amesteca bine. Se serveste la temperatura camerei.

Bucura-te de masa ta!

Minestron clasic italian

(Gata in aproximativ 30 de minute | 5 portii)

Per porție: Calorii: 305; Grăsimi: 8,6 g; Carbohidrați: 45,1 g; Proteine: 14,2 g

ingrediente

2 linguri de ulei de măsline

1 ceapă mare, tăiată cubulețe

2 morcovi, feliați

4 catei de usturoi, tocati

1 cană pastă de coate

5 căni de bulion de legume

1 conserve de 15 uncii de fasole albă, scursă

1 dovlecel mare, tăiat cubulețe

1 conserve (28 oz) de roșii, piure

1 lingura frunze de oregano proaspete, tocate

1 lingura frunze proaspete de busuioc, tocate

1 lingura patrunjel italian proaspat, tocat

Directii

Într-un cuptor olandez, încălziți uleiul de măsline până sfârâie. Acum prăjiți ceapa și morcovii până se înmoaie.

Adăugați usturoiul, pastele crude și bulionul; lasam sa fiarba aproximativ 15 minute.

Combinați fasolea, dovleceii, roșiile și ierburile aromatice. Continuați să gătiți, acoperit, timp de aproximativ 10 minute până când totul este fiert.

Ornați cu câteva ierburi suplimentare, dacă doriți. Bucura-te de masa ta!

Tocană de linte verde cu varză

(Gata in aproximativ 30 de minute | 5 portii)

Per porție: Calorii: 415; Grăsimi: 6,6 g; Carbohidrați: 71 g; Proteine: 18,4 g

ingrediente

2 linguri de ulei de măsline

1 ceapa, tocata

2 cartofi dulci, curatati si taiati cubulete

1 ardei gras, tocat

2 morcovi, tocați

1 pastarnac, tocat

1 telina, tocata

2 catei de usturoi

1 ½ cană linte verde

1 lingură amestec italian de ierburi

1 cană de sos de roșii

5 căni de bulion de legume

1 cană de porumb congelat

1 cană de varză, tăiată în bucăți

Directii

Într-un cuptor olandez, încălziți uleiul de măsline până sfârâie. Acum căliți ceapa, cartofii dulci, ardeiul gras, morcovul, păstârnacul și țelina până se înmoaie.

Adăugați usturoiul și continuați să prăjiți încă 30 de secunde.

Acum adăugați lintea verde, amestecul de ierburi aromatice italiene, sosul de roșii și bulionul de legume; lasam sa fiarba aproximativ 20 de minute pana cand totul este bine fiert.

Adăugați porumb congelat și verdeață; acoperiți și gătiți încă 5 minute. Bucura-te de masa ta!

Medley de legume de grădină cu năut

(Gata in aproximativ 30 de minute | 4 portii)

Per porție: Calorii: 369; Grăsimi: 18,1 g; Carbohidrați: 43,5 g; Proteine: 13,2 g

ingrediente

2 linguri de ulei de măsline

1 ceapa, tocata marunt

1 ardei gras, tocat

1 fenicul, tocat

3 catei de usturoi, tocati

2 roșii coapte, făcute piure

2 linguri patrunjel proaspat, tocat grosier

2 linguri busuioc proaspat, tocat grosier

2 linguri coriandru proaspat, tocat grosier

2 căni de bulion de legume

14 uncii de naut la conserva, scurs

Sare kosher și piper negru măcinat, după gust

1/2 lingurita piper cayenne

1 lingurita de boia

1 avocado, curatat de coaja si feliat

Directii

Într-o cratiță cu fund gros, încălziți uleiul de măsline la foc mediu. Odată fierbinte, prăjiți ceapa, ardeiul și feniculul pentru aproximativ 4 minute.

Se caleste usturoiul aproximativ 1 minut sau pana devine aromat.

Adăugați roșiile, ierburi proaspete, bulion, năut, sare, piper negru, piper cayenne și boia de ardei. Se fierbe, amestecând din când în când, timp de aproximativ 20 de minute sau până când este fiert.

Gustați și ajustați condimentele. Serviți ornat cu felii de avocado proaspăt. Bucura-te de masa ta!

Salsa de fasole fierbinte

(Gata in aproximativ 30 de minute | 10 portii)

Per porție: Calorii: 175; Grăsimi: 4,7 g; Carbohidrați: 24,9 g; Proteine: 8,8 g

ingrediente

2 conserve (15 oz) de fasole Great Northern, scursa

2 linguri de ulei de măsline

2 linguri de sos Sriracha

2 linguri drojdie nutritiva

4 oz cremă de brânză vegană

1/2 lingurita boia

1/2 lingurita piper cayenne

1/2 lingurita de chimen macinat

Sare de mare si piper negru macinat, dupa gust

4 uncii de chipsuri tortilla

Directii

Începeți prin a preîncălzi cuptorul la 360 de grade F.

Amestecă toate ingredientele, cu excepția chipsurilor tortilla, în robotul de bucătărie până când se obține consistența dorită.

Coaceți salsa în cuptorul preîncălzit pentru aproximativ 25 de minute sau până când este fierbinte.

Serviți cu chipsuri tortilla și bucurați-vă de mâncare!

Salată chinezească de soia

(Gata in aproximativ 10 minute | 4 portii)

Per porție: Calorii: 265; Grăsimi: 13,7 g; Carbohidrați: 21 g; Proteine: 18 g

ingrediente

1 conserve (15 oz) de boabe de soia, scurse

1 cană de rucheta

1 cană baby spanac

1 cană de varză verde, rasă

1 ceapă, feliată subțire

1/2 lingurita de usturoi, tocat

1 lingurita de ghimbir, tocat

1/2 linguriță de muștar delicatessen

2 linguri de sos de soia

1 lingura de otet de orez

1 lingura de suc de lamaie

2 linguri de tahini

1 lingurita sirop de agave

Directii

Puneți soia, rucola, spanacul, varza și ceapa într-un bol de salată; amestecați pentru a combina.

Într-un vas mic de servire, amestecați ingredientele rămase pentru dressing.

Îmbrăcați salata și serviți imediat. Bucura-te de masa ta!

Tocană de linte și legume de modă veche

(Gata in aproximativ 25 de minute | 5 portii)

Per porție: Calorii: 475; Grăsimi: 17,3 g; Carbohidrați: 61,4 g; Proteine: 23,7 g

ingrediente

3 linguri de ulei de măsline

1 ceapa mare, tocata

1 morcov, tocat

1 ardei gras, taiat cubulete

1 ardei habanero, tocat

3 catei de usturoi, tocati

Sare kosher si piper negru, dupa gust

1 lingurita chimen macinat

1 lingurita boia afumata

1 conserve (28 oz) de roșii, piure

2 linguri de ketchup

4 căni de bulion de legume

3/4 lb linte roșie uscată, înmuiată peste noapte și scursă

1 avocado, feliat

Directii

Într-o cratiță cu fund gros, încălziți uleiul de măsline la foc mediu. Odată fierbinte, prăjiți ceapa, morcovul și ardeii timp de aproximativ 4 minute.

Se caleste usturoiul aproximativ 1 minut sau cam asa ceva.

Adăugați condimentele, roșiile, ketchup-ul, bulionul și lintea conservată. Se fierbe, amestecând din când în când, timp de aproximativ 20 de minute sau până când este fiert.

Se servesc ornat cu felii de avocado. Bucura-te de masa ta!

Indian Chana Masala

(Gata in aproximativ 15 minute | 4 portii)

Per porție: Calorii: 305; Grăsimi: 17,1 g; Carbohidrați: 30,1 g; Proteine: 9,4 g

ingrediente

1 cană roşii, piure

1 chilli Kashmir, tocat

1 şalotă mare, tocată

1 lingurita de ghimbir proaspat, curatat si ras

4 linguri de ulei de măsline

2 catei de usturoi, tocati

1 lingurita seminte de coriandru

1 lingurita garam masala

1/2 lingurita pudra de turmeric

Sare de mare si piper negru macinat, dupa gust

1/2 cană bulion de legume

16 oz de naut conservat

1 lingura de suc proaspat de lamaie

Directii

În blenderul sau robotul de bucătărie, amestecați roșiile, ardeiul de Kashmir, eșalota și ghimbirul într-o pastă.

Într-o cratiță, încălziți uleiul de măsline la foc mediu. Odată fierbinte, gătiți pastele și usturoiul pregătite pentru aproximativ 2 minute.

Adăugați condimentele rămase, bulionul și năutul. Aduceți focul la fierbere. Continuați să fierbeți încă 8 minute sau până când sunt fierte.

Se ia de pe foc. Stropiți suc proaspăt de lămâie peste fiecare porție. Bucura-te de masa ta!

Pate De Fasole Rosie

(Gata in aproximativ 10 minute | 8 portii)

Per porție: Calorii: 135; Grăsimi: 12,1 g; Carbohidrați: 4,4 g; Proteine: 1,6 g

ingrediente

2 linguri de ulei de măsline

1 ceapa, tocata

1 ardei gras, tocat

2 catei de usturoi, tocati

2 cani de fasole rosie, fiarta si scursa

1/4 cană ulei de măsline

1 lingurita mustar macinat cu piatra

2 linguri patrunjel proaspat, tocat

2 linguri busuioc proaspăt, tocat

Sare de mare si piper negru macinat, dupa gust

Directii

Într-o cratiță, încălziți uleiul de măsline la foc mediu-mare. Acum fierbeți ceapa, ardeiul și usturoiul până când se înmoaie sau aproximativ 3 minute.

Adăugați amestecul sotat în blender; adăugați celelalte ingrediente. Amestecă ingredientele în blender sau robot de bucătărie până când devine omogen și cremos.

Bucura-te de masa ta!

Bol de linte maro

(Gata în aproximativ 20 de minute + timpul de răcire rapidă | 4 porții)

Per porție: Calorii: 452; Grăsimi: 16,6 g; Carbohidrați: 61,7 g; Proteine: 16,4 g

ingrediente

1 cană de linte maro, înmuiată peste noapte și scursă

3 căni de apă

2 căni de orez brun, fiert

1 dovlecel, taiat cubulete

1 ceapa rosie, tocata

1 lingurita de usturoi, tocat

1 castravete, feliat

1 ardei gras, feliat

4 linguri de ulei de măsline

1 lingura de otet de orez

2 linguri de suc de lamaie

2 linguri de sos de soia

1/2 lingurita oregano uscat

1/2 lingurita de chimen macinat

Sare de mare si piper negru macinat, dupa gust

2 căni de rucheta

2 cani de salata romana, tocata

Directii

Adăugați lintea maro și apă într-o cratiță și aduceți la fierbere la foc mare. Apoi, aduceți focul la fierbere și continuați să gătiți timp de 20 de minute sau până când se înmoaie.

Pune lintea intr-un castron de salata si lasa-le sa se raceasca complet.

Adăugați celelalte ingrediente și amestecați pentru a se amesteca bine. Se serveste la temperatura camerei sau foarte rece. Bucura-te de masa ta!

Supă de fasole Anasazi fierbinte și picant

(Gata în aproximativ 1 oră și 10 minute | 5 porții)

Per porție: Calorii: 352; Grăsimi: 8,5 g; Carbohidrați: 50,1 g; Proteine: 19,7 g

ingrediente

2 cani de fasole Anasazi, inmuiata peste noapte, scursa si clatita

8 căni de apă

2 foi de dafin

3 linguri de ulei de măsline

2 cepe medii, tocate

2 ardei grasi, tocati

1 ardei habanero, tocat

3 catei de usturoi, storsi sau tocati

Sare de mare si piper negru macinat, dupa gust

Directii

Într-o cratiță, aduceți fasolea Anasazi și apa la fiert. Odată fiert, aduceți focul la fierbere. Adăugați foile de dafin și gătiți aproximativ 1 oră sau până când se înmoaie.

Între timp, într-o cratiță cu fundul greu, încălziți uleiul de măsline la foc mediu-mare. Acum căliți ceapa, ardeii și usturoiul timp de aproximativ 4 minute până se înmoaie.

Adăugați amestecul sotat la fasolea fiartă. Se condimentează cu sare și piper negru.

Continuați să fierbeți, amestecând din când în când, încă 10 minute sau până când totul este fiert. Bucura-te de masa ta!

Salată de mazăre cu ochi negri (Ñebbe).

(Gata în aproximativ 1 oră | 5 porții)

Per porție: Calorii: 471; Grasimi: 17,5 g; Carbohidrați: 61,5 g; Proteine: 20,6 g

ingrediente

2 cani de mazare uscata, inmuiata peste noapte si scursa

2 linguri frunze de busuioc, tocate

2 linguri frunze de patrunjel tocate

1 şalotă, tocată

1 castravete, feliat

2 ardei grasi, fara samburi si taiati cubulete

1 ardei scotch bonnet, fără semințe și tocat mărunt

1 cană de roșii cherry, tăiate în patru

Sare de mare si piper negru macinat, dupa gust

2 linguri de suc proaspăt de lămâie

1 lingura de otet de mere

1/4 cană ulei de măsline extravirgin

1 avocado, decojit, fără sâmburi și feliat

Directii

Acoperiți mazărea cu apă cu 2 inci și aduceți la fierbere ușor. Se fierbe aproximativ 15 minute.

Apoi aduceți focul la fierbere pentru aproximativ 45 de minute. Se lasa sa se raceasca complet.

Puneți mazărea cu ochi negri într-un castron de salată. Se adauga busuiocul, patrunjelul, salota, castravetele, ardeii, rosiile cherry, sare si piper negru.

Într-un castron, amestecați sucul de lămâie, oțetul și uleiul de măsline.

Se imbraca salata, se pune deasupra avocado proaspat si se serveste imediat. Bucura-te de masa ta!

Celebrul ardei iute al mamei

(Gata în aproximativ 1 oră și 30 de minute | 5 porții)

Per porție: Calorii: 455; Grăsimi: 10,5 g; Carbohidrați: 68,6 g; Proteine: 24,7 g

ingrediente

1 kilogram de fasole roșie neagră, înmuiată peste noapte și scursă

3 linguri de ulei de măsline

1 ceapă roșie mare, tăiată cubulețe

2 ardei grasi taiati cubulete

1 ardei poblano, tocat

1 morcov mare, decojit și tăiat cubulețe

2 catei de usturoi, tocati

2 foi de dafin

1 lingurita boabe de piper amestecate

Sare kosher și piper cayenne, după gust

1 lingura de boia

2 roșii coapte, făcute piure

2 linguri de ketchup

3 căni de bulion de legume

Directii

Acoperiți fasolea înmuiată cu un schimb proaspăt de apă rece și aduceți la fierbere. Se fierbe aproximativ 10 minute. Aduceți focul la fierbere și continuați să gătiți timp de 50-55 de minute sau până când se înmoaie.

Într-o cratiță cu fund gros, încălziți uleiul de măsline la foc mediu. Odată fierbinte, prăjiți ceapa, ardeii și morcovul.

Se caleste usturoiul aproximativ 30 de secunde sau pana devine aromat.

Adăugați celelalte ingrediente împreună cu fasolea fiartă. Se fierbe, amestecând periodic, timp de 25 până la 30 de minute sau până când este fiert.

Eliminați foile de dafin, turnați-le în boluri individuale și serviți-le fierbinți!

Salată De Naut Cu Crema De Nuci De Pin

(Gata in aproximativ 10 minute | 4 portii)

Per porție: Calorii: 386; Grasimi: 22,5 g; Carbohidrați: 37,2 g; Proteine: 12,9 g

ingrediente

16 uncii de naut la conserva, scurs

1 lingurita de usturoi, tocat

1 şalotă, tocată

1 cană de roșii cherry, tăiate la jumătate

1 ardei gras, fara samburi si feliat

1/4 cană busuioc proaspăt, tocat

1/4 cana patrunjel proaspat, tocat

1/2 cană maioneză vegană

1 lingura de suc de lamaie

1 lingurita capere, scurse

Sare de mare si piper negru macinat, dupa gust

2 uncii nuci de pin

Directii

Puneți năutul, legumele și ierburile într-un castron de salată.

Se adauga maioneza, sucul de lamaie, caperele, sare si piper negru. Se amestecă pentru a combina.

Completați cu nuci de pin și serviți imediat. Bucura-te de masa ta!

Buda Bol De Fasole Neagră

(Gata in aproximativ 1 ora | 4 portii)

Per porție: Calorii: 365; Grăsimi: 14,1 g; Carbohidrați: 45,6 g; Proteine: 15,5 g

ingrediente

1/2 kilogram de fasole neagră, înmuiată peste noapte și scursă

2 căni de orez brun, fiert

1 ceapă de mărime medie, feliată subțire

1 cană de ardei gras, fără semințe și feliate

1 ardei jalapeno, fără semințe și feliat

2 catei de usturoi, tocati

1 cană de ruchetă

1 cană baby spanac

1 lingurita coaja de lime

1 lingură muștar de Dijon

1/4 cană oțet de vin roșu

1/4 cană ulei de măsline extravirgin

2 linguri de sirop de agave

Sare de mare sfărâmicioasă și piper negru măcinat, după gust

1/4 cană pătrunjel italian proaspăt, tocat grosier

Directii

Acoperiți fasolea înmuiată cu un schimb proaspăt de apă rece și aduceți la fierbere. Se fierbe aproximativ 10 minute. Aduceți focul la fierbere și continuați să gătiți timp de 50-55 de minute sau până când se înmoaie.

Pentru a servi, împărțiți fasolea și orezul între boluri de servire; acoperiți cu legume.

Într-un vas mic de servire, combinați cu grijă coaja de lime, muștarul, oțetul, uleiul de măsline, siropul de agave, sare și piper. Stropiți vinegreta peste salată.

Se ornează cu pătrunjel italian proaspăt. Bucura-te de masa ta!

Tocană de năut din Orientul Mijlociu

(Gata in aproximativ 20 de minute | 4 portii)

Per porție: Calorii: 305; Grăsimi: 11,2 g; Carbohidrați: 38,6 g; Proteine: 12,7 g

ingrediente

1 ceapa, tocata

1 ardei rosu, tocat

2 catei de usturoi, tocati

1 linguriță de semințe de muștar

1 lingurita seminte de coriandru

1 frunză de dafin

1/2 cană piure de roșii

2 linguri de ulei de măsline

1 telina cu frunze, tocata

2 morcovi medii, decojiti si tocati

2 căni de bulion de legume

1 lingurita chimen macinat

1 baton mic de scortisoara

16 uncii de naut la conserva, scurs

2 căni de majă elvețiană, tăiată în bucăți

Directii

În blenderul sau robotul de bucătărie, amestecați ceapa, ardeiul roșu, usturoiul, semințele de muștar, semințele de coriandru, frunza de dafin și piureul de roșii într-o pastă.

Intr-o cratita incinge uleiul de masline pana sfaraie. În acest moment, gătiți țelina și morcovii timp de aproximativ 3 minute sau până se înmoaie. Adăugați pastele și continuați să gătiți încă 2 minute.

Se adauga apoi bulionul de legume, chimenul, scortisoara si nautul; aduceți la fierbere blândă.

Aprindeți focul și gătiți timp de 6 minute; adaugă mătgul și continuă să gătești încă 4-5 minute sau până când frunzele se ofilesc. Serviți cald și bucurați-vă de mâncare!

Sos De Linte Si Rosii

(Gata in aproximativ 10 minute | 8 portii)

Per porție: Calorii: 144; Grăsimi: 4,5 g; Carbohidrați: 20,2 g; Proteine: 8,1 g

ingrediente

16 uncii de linte, fiartă și scursă

4 linguri rosii uscate la soare, tocate

1 cană de pastă de tomate

4 linguri de tahini

1 lingurita mustar macinat cu piatra

1 lingurita chimen macinat

1/4 lingurita frunza de dafin macinata

1 lingurita de fulgi de chili

Sare de mare si piper negru macinat, dupa gust

Directii

Amestecă toate ingredientele în blender sau robot de bucătărie până când se obține consistența dorită.

A se pastra la frigider pana la servire.

Serviți cu felii de pita prăjite sau bețișoare de legume. A se distra!

Salată cremoasă de mazăre

(Gata în aproximativ 10 minute + timpul de răcire rapidă | 6 porții)

Per porție: Calorii: 154; Grăsimi: 6,7 g; Carbohidrați: 17,3 g; Proteine: 6,9 g

ingrediente

2 conserve (14,5 oz) de mazare, scursa

1/2 cană maioneză vegană

1 lingurita mustar de Dijon

2 linguri de salota, tocata

2 muraturi, tocate

1/2 cana ciuperci marinate, tocate si scurse

1/2 lingurita de usturoi, tocat

Sare de mare si piper negru macinat, dupa gust

Directii

Pune toate ingredientele într-un bol de salată. Amestecați ușor pentru a combina.

Dati salata la frigider pana este gata de servire.

Bucura-te de masa ta!

Hummus Za'atar din Orientul Mijlociu

(Gata in aproximativ 10 minute | 8 portii)

Per porție: Calorii: 140; Grăsimi: 8,5 g; Carbohidrați: 12,4 g; Proteine: 4,6 g

ingrediente

10 uncii de năut, fiert și scurs

1/4 cană de tahini

2 linguri ulei de masline extravirgin

2 linguri rosii uscate la soare, tocate

1 lămâie, proaspăt storsă

2 catei de usturoi, tocati

Sare kosher și piper negru măcinat, după gust

1/2 lingurita boia afumata

1 lingurita de Za'atar

Directii

Amestecă toate ingredientele în robotul tău de bucătărie până devine cremoasă și netedă.

A se pastra la frigider pana la servire.

Bucura-te de masa ta!

Salata De Linte Cu Nuci De Pin

(Gata în aproximativ 20 de minute + timpul de răcire rapidă | 3 porții)

Per porție: Calorii: 332; Grăsimi: 19,7 g; Carbohidrați: 28,2 g; Proteine: 12,2 g

ingrediente

1/2 cană linte maro

1 ½ cană bulion de legume

1 morcov, tăiat în bețe de chibrit

1 ceapa mica, tocata

1 castravete, feliat

2 catei de usturoi, tocati

3 linguri ulei de masline extravirgin

1 lingura de otet de vin rosu

2 linguri de suc de lamaie

2 linguri busuioc, tocat

2 linguri de patrunjel tocat

2 linguri de arpagic, tocat

Sare de mare si piper negru macinat, dupa gust

2 linguri de nuci de pin, tocate grosier

Directii

Adăugați lintea maro și supa de legume într-o cratiță și aduceți la fierbere la foc mare. Apoi, aduceți focul la fierbere și continuați să gătiți timp de 20 de minute sau până când se înmoaie.

Pune lintea într-un castron de salată.

Adăugați legumele și gătiți pentru a se amesteca bine. Într-un castron, amestecați uleiul, oțetul, zeama de lămâie, busuiocul, pătrunjelul, arpagicul, sarea și piperul negru.

Se imbraca salata, se orneaza cu nuci de pin si se serveste la temperatura camerei. Bucura-te de masa ta!

Salată caldă de fasole Anasazi

(Gata în aproximativ 1 oră | 5 porții)

Per porție: Calorii: 482; Grăsimi: 23,1 g; Carbohidrați: 54,2 g; Proteine: 17,2 g

ingrediente

2 cani de fasole Anasazi, inmuiata peste noapte, scursa si clatita

6 căni de apă

1 ardei poblano, tocat

1 ceapa, tocata

1 cană de roșii cherry, tăiate la jumătate

2 cesti de verdeata amestecata, tocata

Imbraca-te:

1 lingurita de usuroi, tocat

1/2 cană ulei de măsline extravirgin

1 lingura de suc de lamaie

2 linguri de otet de vin rosu

1 lingura de mustar macinat cu piatra

1 lingura de sos de soia

1/2 lingurita oregano uscat

1/2 lingurita busuioc uscat

Sare de mare si piper negru macinat, dupa gust

Directii

Într-o cratiță, aduceți fasolea Anasazi și apa la fiert. După ce a dat în clocot, aduceți flacăra la fierbere și gătiți aproximativ 1 oră sau până când se înmoaie.

Scurgeți fasolea fiartă și puneți-le într-un bol de salată; adăugați celelalte ingrediente pentru salată.

Apoi, într-un castron mic, amestecați toate ingredientele pentru dressing până se omogenizează bine. Îmbrăcați salata și amestecați pentru a o combina. Serviți la temperatura camerei și bucurați-vă de mâncare!

Tocană tradițională Mnazaleh

(Gata in aproximativ 25 de minute | 4 portii)

Per porție: Calorii: 439; Grăsimi: 24 g; Carbohidrați: 44,9 g; Proteine: 13,5 g

ingrediente

4 linguri de ulei de măsline

1 ceapa, tocata

1 vinete mare, decojită și tăiată cubulețe

1 cană morcovi, tocați

2 catei de usturoi, tocati

2 roșii mari, făcute piure

1 lingurita condiment baharat

2 căni de bulion de legume

14 uncii de naut la conserva, scurs

Sare kosher și piper negru măcinat, după gust

1 avocado de mărime medie, fără sâmburi, decojit și feliat

Directii

Într-o cratiță cu fund gros, încălziți uleiul de măsline la foc mediu. Odată fierbinte, prăjiți ceapa, vinetele și morcovii timp de aproximativ 4 minute.

Se caleste usturoiul aproximativ 1 minut sau pana devine aromat.

Adăugați roșiile, condimentele Baharat, bulionul și năutul din conserva. Se fierbe, amestecând din când în când, timp de aproximativ 20 de minute sau până când este fiert.

Asezonați cu sare și piper. Serviți ornat cu felii de avocado proaspăt. Bucura-te de masa ta!

Cremă tartinabilă de linte roșie piperată

(Gata in aproximativ 25 de minute | 9 portii)

Per porție: Calorii: 193; Grăsimi: 8,5 g; Carbohidrați: 22,3 g; Proteine: 8,5 g

ingrediente

1 1/2 cani de linte rosie, inmuiata peste noapte si scursa

4 1/2 căni de apă

1 crenguță de rozmarin

2 foi de dafin

2 ardei copți, fără semințe și tăiați cubulețe

1 șalotă, tocată

2 catei de usturoi, tocati

1/4 cană ulei de măsline

2 linguri de tahini

Sare de mare si piper negru macinat, dupa gust

Directii

Adaugati lintea rosie, apa, rozmarinul si foile de dafin intr-o cratita si aduceti la fiert la foc iute. Apoi, aduceți focul la fierbere și continuați să gătiți timp de 20 de minute sau până când se înmoaie.

Pune lintea într-un robot de bucătărie.

Adăugați celelalte ingrediente și procesați până când totul este bine încorporat.

Bucura-te de masa ta!

Mazăre de zăpadă condimentată prăjită cu wok

(Gata in aproximativ 10 minute | 4 portii)

Per porție: Calorii: 196; Grăsimi: 8,7 g; Carbohidrați: 23g; Proteine: 7,3 g

ingrediente

2 linguri de ulei de susan

1 ceapa, tocata

1 morcov, decojit și tocat

1 lingurita pasta de ghimbir-usturoi

1 kilogram de mazăre

Piper de Sichuan, după gust

1 lingurita sos Sriracha

2 linguri de sos de soia

1 lingura de otet de orez

Directii

Încinge uleiul de susan într-un wok până sfârâie. Acum, căliți ceapa și morcovul timp de 2 minute sau până devin crocante.

Adăugați pasta de ghimbir-usturoi și continuați să gătiți încă 30 de secunde.

Adaugati mazarea de zapada si lasati-le sa se usuce la foc iute aproximativ 3 minute pana se rumenesc usor.

În continuare, adaugă ardeiul, Sriracha, sosul de soia și oțetul de orez și se prăjește încă un minut. Serviți imediat și bucurați-vă de mâncare!

Chili rapid în fiecare zi

(Gata in aproximativ 35 de minute | 5 portii)

Per porție: Calorii: 345; Grăsimi: 8,7 g; Carbohidrați: 54,5 g; Proteine: 15,2 g

ingrediente

2 linguri de ulei de măsline

1 ceapa mare, tocata

1 telina cu frunze, curatata si taiata cubulete

1 morcov, decojit și tăiat cubulețe

1 cartof dulce, decojit și tăiat cubulețe

3 catei de usturoi, tocati

1 ardei jalapeno, tocat

1 lingurita de piper cayenne

1 lingurita seminte de coriandru

1 lingurita de seminte de fenicul

1 lingurita de boia

2 căni de roșii înăbușite, piure

2 linguri de ketchup

2 lingurițe granule de bulion vegan

1 cană de apă

1 cană de cremă de ceapă

2 kg de fasole pinto conservată, scursă

1 lime, feliată

Directii

Într-o cratiță cu fund gros, încălziți uleiul de măsline la foc mediu. Odată fierbinte, căliți ceapa, țelina, morcovul și cartofii dulci timp de aproximativ 4 minute.

Căleți usturoiul și ardeiul jalapeno aproximativ 1 minut.

Adăugați condimentele, roșiile, ketchup-ul, granulele de bulion vegan, apa, crema de ceapă și fasolea conservată. Fierbeți, amestecând ocazional, timp de aproximativ 30 de minute sau până când sunt fierte.

Se servesc ornat cu felii de lime. Bucura-te de masa ta!

Salată de mazăre cu ochi negri

(Gata în aproximativ 1 oră | 5 porții)

Per porție: Calorii: 325; Grăsimi: 8,6 g; Carbohidrați: 48,2 g; Proteine: 17,2 g

ingrediente

1 1/2 cani de mazare cu ochi negri, inmuiata peste noapte si scursa

4 tulpini de eșalotă, feliate

1 morcov, tăiat fâșii julienne

1 cană de varză verde, rasă

2 ardei gras, fara samburi si tocati

2 roșii medii, tăiate cubulețe

1 lingura rosii uscate la soare, tocate

1 lingurita de usturoi, tocat

1/2 cană maioneză vegană

1 lingura de suc de lamaie

1/4 cana otet de vin alb

Sare de mare si piper negru macinat, dupa gust

Directii

Acoperiți mazărea cu apă cu 2 inci și aduceți la fierbere ușor. Se fierbe aproximativ 15 minute.

Apoi aduceți focul la fierbere pentru aproximativ 45 de minute. Se lasa sa se raceasca complet.

Puneți mazărea cu ochi negri într-un castron de salată. Adăugați celelalte ingrediente și amestecați pentru a se amesteca bine. Bucura-te de masa ta!

Avocado Umplut Cu Naut

(Gata in aproximativ 10 minute | 4 portii)

Per porție: Calorii: 205; Grăsimi: 15,2 g; Carbohidrați: 16,8 g; Proteine: 4,1 g

ingrediente

2 avocado, fără sâmburi și tăiați la jumătate

1/2 lămâie, proaspăt stors

4 linguri de eșalotă, tocată

1 catel de usturoi, tocat

1 roșie medie, tocată

1 ardei gras, fara samburi si tocat

1 ardei iute roșu, fără semințe și tocat

2 uncii de năut, fiert sau cu fir, scurs

Sare kosher și piper negru măcinat, după gust

Directii

Puneți avocado pe un platou de servire. Stropiți cu suc de lămâie peste fiecare avocado.

Într-un castron, amestecați ușor ingredientele de umplutură rămase până se încorporează bine.

Umpleți avocado cu amestecul pregătit și serviți imediat. Bucura-te de masa ta!

supa de fasole neagra

(Gata în aproximativ 1 oră și 50 de minute | 4 porții)

Per porție: Calorii: 505; Grăsimi: 11,6 g; Carbohidrați: 80,3 g; Proteine: 23,2 g

ingrediente

2 cani de fasole neagra, inmuiata peste noapte si scursa

1 crenguță de cimbru

2 linguri de ulei de cocos

2 cepe, tocate

1 baton de telina, tocata

1 morcov, decojit și tocat

1 ardei italian, fără semințe și tocat

1 ardei iute, fără semințe și tocat

4 catei de usturoi, presati sau tocati

Sare de mare și piper negru proaspăt măcinat, după gust

1/2 lingurita de chimen macinat

1/4 lingurita frunza de dafin macinata

1/4 linguriță ienibahar măcinat

1/2 lingurita busuioc uscat

4 căni de bulion de legume

1/4 cana coriandru proaspat, tocat

2 uncii de chipsuri tortilla

Directii

Într-o cratiță, aduceți fasolea și 6 căni de apă la fiert. Odată fiert, aduceți focul la fierbere. Adăugați crenguța de cimbru și gătiți aproximativ 1 oră și 30 de minute sau până când se înmoaie.

Între timp, într-o cratiță cu fundul greu, încălziți uleiul la foc mediu-mare. Acum căliți ceapa, țelina, morcovul și ardeii timp de aproximativ 4 minute până se înmoaie.

Apoi, căleți usturoiul timp de aproximativ 1 minut sau până când este parfumat.

Adăugați amestecul sotat la fasolea fiartă. Se adauga apoi sarea, piperul negru, chimenul, frunza de dafin macinata, ienibaharul macinat, busuiocul uscat si supa de legume.

Continuați să fiarbă, amestecând din când în când, încă 15 minute sau până când totul este fiert.

Ornați cu coriandru proaspăt și chipsuri tortilla. Bucura-te de masa ta!

Salata De Linte Beluga Cu Ierburi

(Gata în aproximativ 20 de minute + timpul de răcire rapidă | 4 porții)

Per porție: Calorii: 364; Grăsimi: 17 g; Carbohidrați: 40,2 g; Proteine: 13,3 g

ingrediente

1 cană de linte roșie

3 căni de apă

1 cană roșii struguri, tăiate la jumătate

1 ardei verde, fara samburi si taiat cubulete

1 ardei gras rosu, fara samburi si taiat cubulete

1 ardei roșu, fără semințe și tăiat cubulețe

1 castravete, feliat

4 linguri de eșalotă, tocată

2 linguri patrunjel proaspat, tocat grosier

2 linguri coriandru proaspat, tocat grosier

2 linguri de arpagic proaspăt, tocat grosier

2 linguri busuioc proaspat, tocat grosier

1/4 cană ulei de măsline

1/2 lingurita de seminte de chimen

1/2 lingurita de ghimbir, tocat

1/2 lingurita de usturoi, tocat

1 lingurita sirop de agave

2 linguri de suc proaspăt de lămâie

1 lingurita de coaja de lamaie

Sare de mare si piper negru macinat, dupa gust

2 uncii măsline negre, fără sâmburi și tăiate la jumătate

Directii

Adăugați lintea maro și apă într-o cratiță și aduceți la fierbere la foc mare. Apoi, aduceți focul la fierbere și continuați să gătiți timp de 20 de minute sau până când se înmoaie.

Pune lintea într-un castron de salată.

Adăugați legumele și ierburile și amestecați pentru a se amesteca bine. Într-un castron, amestecați uleiul, semințele de chimen, ghimbirul, usturoiul, siropul de agave, sucul de lămâie, coaja de lămâie, sare și piper negru.

Se imbraca salata, se orneaza cu masline si se serveste la temperatura camerei. Bucura-te de masa ta!

Salată de fasole italiană

(Gata în aproximativ 1 oră + timp de răcire | 4 porții)

Per porție: Calorii: 495; Grăsimi: 21,1 g; Carbohidrați: 58,4 g; Proteine: 22,1 g

ingrediente

3/4 lb fasole cannellini, înmuiată peste noapte și scursă

2 căni de buchețe de conopidă

1 ceapă roșie, feliată subțire

1 lingurita de usturoi, tocat

1/2 lingurita de ghimbir, tocat

1 ardei jalapeno, tocat

1 cană de roșii cherry, tăiate în patru

1/3 cană ulei de măsline extravirgin

1 lingura de suc de lamaie

1 lingurita mustar de Dijon

1/4 cană oțet alb

2 catei de usturoi, storsi

1 linguriță amestec italian de ierburi

Sare kosher și piper negru măcinat, pentru condimentare

2 uncii de măsline verzi, fără sâmburi și tăiate felii

Directii

Acoperiți fasolea înmuiată cu un schimb proaspăt de apă rece și aduceți la fierbere. Se fierbe aproximativ 10 minute. Aduceți focul la fierbere și continuați să gătiți timp de 60 de minute sau până când se înmoaie.

Între timp, fierbeți buchețelele de conopidă aproximativ 6 minute sau până când sunt doar fragede.

Lăsați fasolea și conopida să se răcească complet; apoi transferați-le într-un bol de salată.

Adăugați celelalte ingrediente și amestecați pentru a se amesteca bine. Gustați și ajustați condimentele.

Bucura-te de masa ta!

Roșii Umplute Cu Fasole Albă

(Gata in aproximativ 10 minute | 3 portii)

Per porție: Calorii: 245; Grăsimi: 14,9 g; Carbohidrați: 24,4 g; Proteine: 5,1 g

ingrediente

3 roșii medii, tăiați o felie subțire de sus și îndepărtați pulpa

1 morcov, ras

1 ceapa rosie, tocata

1 catel de usturoi, curatat de coaja

1/2 lingurita busuioc uscat

1/2 lingurita oregano uscat

1 lingurita rozmarin uscat

3 linguri de ulei de măsline

3 uncii de fasole albă conservată, scursă

3 uncii boabe de porumb dulce, dezghețate

1/2 cană chipsuri tortilla, tocate

Directii

Aranjați roșiile pe un platou de servire.

Intr-un bol amestecam celelalte ingrediente pentru umplutura pana se omogenizeaza totul bine.

Umpleți avocado și serviți imediat. Bucura-te de masa ta!

Supă de iarnă cu mazăre cu ochi negri

(Gata în aproximativ 1 oră și 5 minute | 5 porții)

Per porție: Calorii: 147; Grăsimi: 6 g; Carbohidrați: 13,5 g; Proteine: 7,5 g

ingrediente

2 linguri de ulei de măsline

1 ceapa, tocata

1 morcov, tocat

1 pastarnac, tocat

1 cana bulbi de fenicul, tocati

2 catei de usturoi, tocati

2 cani de mazare uscata, inmuiata peste noapte

5 căni de bulion de legume

Sare kosher și piper negru proaspăt măcinat, pentru condimentare

Directii

Într-un cuptor olandez, încălziți uleiul de măsline la foc mediu-mare. Odată fierbinte, căliți ceapa, morcovul, păstârnacul și feniculul timp de 3 minute sau până când se înmoaie.

Adăugați usturoiul și continuați să prăjiți timp de 30 de secunde sau până când este aromat.

Adăugați mazărea, bulionul de legume, sare și piper negru. Continuați să gătiți, parțial acoperit, încă 1 oră sau până când este fiert.

Bucura-te de masa ta!

Chiftele de fasole roşie

(Gata in aproximativ 15 minute | 4 portii)

Per porție: Calorii: 318; Grăsimi: 15,1 g; Carbohidrați: 36,5 g; Proteine: 10,9 g

ingrediente

12 uncii de fasole roşie conservată sau fiartă, scursă

1/3 cană de ovăz de modă veche

1/4 cană făină universală

1 lingurita praf de copt

1 şalotă mică, tocată

2 catei de usturoi, tocati

Sare de mare si piper negru macinat, dupa gust

1 lingurita de boia

1/2 lingurita praf de chili

1/2 lingurita frunza de dafin macinata

1/2 lingurita de chimen macinat

1 ou de chia

4 linguri de ulei de măsline

Directii

Puneți fasolea verde într-un castron și zdrobiți-o cu o furculiță.

Combinați bine fasolea, ovăzul, făina, praful de copt, eșalota, usturoiul, sarea, piperul negru, boia de ardei, pudra de ardei iute, foile de dafin măcinate, chimenul și oul de chia.

Modelați amestecul în patru chifle.

În continuare, încălziți uleiul de măsline într-o tigaie la foc moderat. Prăjiți chiftelele aproximativ 8 minute, întorcându-le o dată sau de două ori.

Serviți cu toppingurile preferate. Bucura-te de masa ta!

burgeri de mazăre de casă

(Gata in aproximativ 15 minute | 4 portii)

Per porție: Calorii: 467; Grăsimi: 19,1 g; Carbohidrați: 58,5 g; Proteine: 15,8 g

ingrediente

1 lb. mazăre, congelată și dezghețată

1/2 cană făină de năut

1/2 cană făină simplă

1/2 cană pesmet

1 lingurita praf de copt

2 ouă de in

1 lingurita de boia

1/2 lingurita busuioc uscat

1/2 lingurita oregano uscat

Sare de mare si piper negru macinat, dupa gust

4 linguri de ulei de măsline

4 chifle de hamburger

Directii

Într-un castron, amestecați cu grijă mazărea, făina, pesmetul, praful de copt, ouăle de in, boia de ardei, busuioc, oregano, sare și piper negru.

Modelați amestecul în patru chifle.

În continuare, încălziți uleiul de măsline într-o tigaie la foc moderat. Prăjiți chiftelele aproximativ 8 minute, întorcându-le o dată sau de două ori.

Serviți pe chifle burger și bucurați-vă!

Tocană de spanac cu fasole neagră

(Gata în aproximativ 1 oră și 35 de minute | 4 porții)

Per porție: Calorii: 459; Grăsimi: 9,1 g; Carbohidrați: 72g; Proteine: 25,4 g

ingrediente

2 cani de fasole neagra, inmuiata peste noapte si scursa

2 linguri de ulei de măsline

1 ceapă, decojită, tăiată la jumătate

1 ardei jalapeno, feliat

2 ardei gras, fara samburi si feliati

1 cană ciuperci buton, feliate

2 catei de usturoi, tocati

2 căni de bulion de legume

1 lingurita de boia

Sare kosher și piper negru măcinat, după gust

1 frunză de dafin

2 căni de spanac, tăiat în bucăți

Directii

Acoperiți fasolea înmuiată cu un schimb proaspăt de apă rece și aduceți la fierbere. Se fierbe aproximativ 10 minute. Aduceți focul la fierbere și continuați să gătiți timp de 50-55 de minute sau până când se înmoaie.

Într-o cratiță cu fund gros, încălziți uleiul de măsline la foc mediu. Odată fierbinte, prăjiți ceapa și ardeii aproximativ 3 minute.

Se calesc usturoiul si ciupercile aproximativ 3 minute sau pana cand ciupercile isi elibereaza lichidul si usturoiul este parfumat.

Adăugați bulionul de legume, boia de ardei, sare, piper negru, dafin și fasole fiartă. Fierbeți, amestecând ocazional, aproximativ 25 de minute sau până când sunt fierte.

In continuare adaugam spanacul si fierbem, acoperit, aproximativ 5 minute. Bucura-te de masa ta!

Bilele Energetice pentru Morcovi

(Gata în aproximativ 10 minute + timpul de răcire rapidă | 8 porții)

Per porție: Calorii: 495; Grăsimi: 21,1 g; Carbohidrați: 58,4 g; Proteine: 22,1 g

ingrediente

1 morcov mare, morcov ras

1 1/2 cană de ovăz de modă veche

1 cană de stafide

1 cană de curmale, milă

1 cană de fulgi de cocos

1/4 lingurita cuisoare macinate

1/2 lingurita de scortisoara macinata

Directii

În robotul de bucătărie, amestecați toate ingredientele până formează un amestec neted și lipicios.

Formați aluatul în bile egale.

A se pastra la frigider pana la servire. Bucura-te de masa ta!

Mușcături crocante de cartofi dulci

(Gata în aproximativ 25 de minute + timpul de răcire rapidă | 4 porții)

Per porție: Calorii: 215; Grăsimi: 4,5 g; Carbohidrați: 35 g; Proteine: 8,7 g

ingrediente

4 cartofi dulci, curatati si rasi

2 ouă de chia

1/4 cană drojdie nutritivă

2 linguri de tahini

2 linguri de faina de naut

1 lingurita pudra de salota

1 lingurita praf de usturoi

1 lingurita de boia

Sare de mare si piper negru macinat, dupa gust

Directii

Începeți prin a preîncălzi cuptorul la 395 de grade F. Tapetați o foaie de copt cu hârtie de copt sau covoraș Silpat.

Se amestecă bine toate ingredientele până se încorporează totul bine.

Rulați aluatul în bile egale și puneți-le la frigider pentru aproximativ 1 oră.

Coaceți aceste bile timp de aproximativ 25 de minute, întorcându-le la jumătatea gătitului. Bucura-te de masa ta!

Morcovi pentru bebelusi glazurati prajiti

(Gata in aproximativ 30 de minute | 6 portii)

Per porție: Calorii: 165; Grăsimi: 10,1 g; Carbohidrați: 16,5 g; Proteine: 1,4 g

ingrediente

2 kilograme de morcovi pui

1/4 cană ulei de măsline

1/4 cana otet de mere

1/2 lingurita fulgi de chili

Sare de mare și piper negru proaspăt măcinat, după gust

1 lingura de sirop de agave

2 linguri de sos de soia

1 lingura coriandru proaspat, tocat

Directii

Începeți prin a preîncălzi cuptorul la 395 de grade F.

Apoi, asezonați morcovii cu ulei de măsline, oțet, ardei iute, sare, piper negru, sirop de agave și sos de soia.

Prăjiți morcovii timp de aproximativ 30 de minute, rotind tigaia o dată sau de două ori. Se ornează cu coriandru proaspăt și se servește. Bucura-te de masa ta!

Chips de varză la cuptor

(Gata in aproximativ 20 de minute | 8 portii)

Per porție: Calorii: 65; Grăsimi: 3,9 g; Carbohidrați: 5,3 g; Proteine: 2,4 g

ingrediente

2 legături de varză, frunze separate

2 linguri de ulei de măsline

1/2 linguriță de semințe de muștar

1/2 linguriță de semințe de țelină

1/2 lingurita oregano uscat

1/4 lingurita chimen macinat

1 lingurita praf de usturoi

Sare de mare grunjoasă și piper negru măcinat, după gust

Directii

Începeți prin a preîncălzi cuptorul la 340 de grade F. Tapetați o foaie de copt cu hârtie de copt sau Silpat mar.

Se amestecă frunzele de varză cu celelalte ingrediente până se îmbracă bine.

Coaceți în cuptorul preîncălzit pentru aproximativ 13 minute, rotind tava o dată sau de două ori. Bucura-te de masa ta!

Dip de brânză caju

(Gata in aproximativ 10 minute | 8 portii)

Per porție: Calorii: 115; Grăsimi: 8,6 g; Carbohidrați: 6,6 g; Proteine: 4,4 g

ingrediente

1 cană de caju crude

1 lămâie, proaspăt storsă

2 linguri de tahini

2 linguri drojdie nutritiva

1/2 lingurita pudra de turmeric

1/2 lingurita fulgi de ardei rosu, tocati

Sare de mare si piper negru macinat, dupa gust

Directii

Pune toate ingredientele în bolul mixerului cu suport. Se mixeaza pana se obtine un amestec omogen, cremos si omogen. Puteți adăuga puțină apă pentru a o dilua dacă este necesar.

Turnați sosul într-un bol de servire; serviți cu bețișoare de legume, chipsuri sau biscuiți.

Bucura-te de masa ta!

Dip picant cu hummus

(Gata in aproximativ 10 minute | 10 portii)

Per porție: Calorii: 155; Grăsimi: 7,9 g; Carbohidrați: 17,4 g; Proteine: 5,9 g

ingrediente

20 uncii de naut la conserva sau fiert, scurs

1/4 cană de tahini

2 catei de usturoi, tocati

2 linguri suc de lamaie, proaspat stors

1/2 cană lichid de năut

2 ardei roșii prăjiți, fără sâmburi și feliați

1/2 lingurita boia

1 lingurita busuioc uscat

Sare de mare si piper negru macinat, dupa gust

2 linguri de ulei de măsline

Directii

Amestecă toate ingredientele, cu excepția uleiului, în blenderul sau robotul de bucătărie până când obții consistența dorită.

A se pastra la frigider pana la servire.

Serviți cu felii de pita prăjite sau chipsuri, dacă doriți. Bucura-te de masa ta!

Mutabal tradițional libanez

(Gata in aproximativ 10 minute | 6 portii)

Per porție: Calorii: 115; Grăsimi: 7,8 g; Carbohidrați: 9,8 g; Proteine: 2,9 g

ingrediente

1 kilogram vinete

1 ceapa, tocata

1 lingura de pasta de usturoi

4 linguri de tahini

1 lingura de ulei de cocos

2 linguri de suc de lamaie

1/2 lingurita coriandru macinat

1/4 cană cuișoare măcinate

1 lingurita de fulgi de chili

1 lingurita ardei afumati

Sare de mare si piper negru macinat, dupa gust

Directii

Prăjiți vinetele până când coaja devine neagră; curățați vinetele de coajă și transferați-le în bolul robotului dvs. de bucătărie.

Adăugați celelalte ingrediente. Se amestecă până când totul este bine încorporat.

Serviți cu crutoane sau pâine pita, dacă doriți. Bucura-te de masa ta!

Naut prajit in stil indian

(Gata in aproximativ 10 minute | 8 portii)

Per porție: Calorii: 223; Grăsimi: 6,4 g; Carbohidrați: 32,2 g; Proteine: 10,4 g

ingrediente

2 căni de năut la conserva, scurs

2 linguri de ulei de măsline

1/2 lingurita praf de usturoi

1/2 lingurita boia

1 lingurita praf de curry

1 lingurita garam masala

Sare de mare si piper rosu, dupa gust

Directii

Uscați năutul cu prosoape de hârtie. Un strop de ulei de măsline pe năut.

Prăjiți năutul în cuptorul preîncălzit la 200 de grade pentru aproximativ 25 de minute, întorcându-l o dată sau de două ori.

Condimentează-ți năutul cu condimente și bucură-te!

Avocado cu sos tahini

(Gata in aproximativ 10 minute | 4 portii)

Per porție: Calorii: 304; Grăsimi: 25,7 g; Carbohidrați: 17,6 g; Proteine: 6 g

ingrediente

2 avocado mari, fără sâmburi și tăiate la jumătate

4 linguri de tahini

4 linguri de sos de soia

1 lingura de suc de lamaie

1/2 lingurita fulgi de chili

Sare de mare si piper negru macinat, dupa gust

1 lingurita praf de usturoi

Directii

Aranjați jumătățile de avocado pe un platou de servire.

Amesteca tahini, sosul de soia, zeama de lamaie, ardei iute, sare, piper negru si usturoi praf intr-un castron mic. Împărțiți salsa între jumătățile de avocado.

Bucura-te de masa ta!

Cartofi Dulci

(Gata în aproximativ 25 de minute + timpul de răcire rapidă | 4 porții)

Per porție: Calorii: 232; Grăsimi: 7,1 g; Carbohidrați: 37g; Proteine: 8,4 g

ingrediente

1 1/2 kilograme de cartofi dulci, rași

2 ouă de chia

1/2 cană făină simplă

1/2 cană pesmet

3 linguri de hummus

Sare de mare si piper negru, dupa gust

1 lingura de ulei de masline

1/2 cană sos salsa

Directii

Începeți prin a preîncălzi cuptorul la 395 de grade F. Tapetați o foaie de copt cu hârtie de copt sau covoraș Silpat.

Amestecă bine toate ingredientele, cu excepția sosului, până se încorporează totul bine.

Rulați aluatul în bile egale și puneți-le la frigider pentru aproximativ 1 oră.

Coaceți aceste bile timp de aproximativ 25 de minute, întorcându-le la jumătatea gătitului. Bucura-te de masa ta!

Salsa De Roșii și Ardei Prăjiți

(Gata in aproximativ 35 de minute | 10 portii)

Per porție: Calorii: 90; Grăsimi: 5,7 g; Carbohidrați: 8,5 g; Proteine: 1,9 g

ingrediente

4 ardei rosii

4 roșii

4 linguri de ulei de măsline

1 ceapa rosie, tocata

4 catei de usturoi

4 uncii de năut la conserva, scurs

Sare de mare si piper negru macinat, dupa gust

Directii

Începeți prin a preîncălzi cuptorul la 400 de grade F.

Aranjați ardeii și roșiile pe o foaie de copt tapetată cu hârtie de copt. Gatiti aproximativ 30 de minute; decojiți ardeii și transferați-i în robotul de bucătărie împreună cu roșiile prăjite.

Între timp, încălziți 2 linguri de ulei de măsline într-o tigaie la foc mediu-mare. Se caleste ceapa si usturoiul aproximativ 5 minute sau pana se inmoaie.

Adăugați legumele sotate în robotul de bucătărie. Adăugați năutul, sarea, piperul și uleiul de măsline rămas; lucrati pana obtineti o crema fina.

Bucura-te de masa ta!

Mix clasic de petrecere

(Gata în aproximativ 1 oră și 5 minute | 15 porții)

Per porție: Calorii: 290; Grăsimi: 12,2 g; Carbohidrați: 39 g; Proteine: 7,5 g

ingrediente

5 căni de cereale vegane

3 căni de mini covrigei vegani

1 cană migdale, prăjite

1/2 cană pepitas, prăjite

1 lingura drojdie nutritiva

1 lingura de otet balsamic

1 lingura de sos de soia

1 lingurita praf de usturoi

1/3 cană unt vegan

Directii

Începeți prin a preîncălzi cuptorul la 250 de grade F. Tapetați o tavă mare de copt cu hârtie de copt sau covoraș Silpat.

Amestecați cerealele, covrigii, migdalele și pepitas într-un bol de servire.

Într-o cratiță mică, topim celelalte ingrediente la foc moderat. Se toarnă sosul peste amestecul de cereale/nuci.

Coaceți aproximativ 1 oră, amestecând la fiecare 15 minute, până se rumenesc și parfumează. Transferați-l pe un gratar pentru a se răci complet. Bucura-te de masa ta!

Crostini cu ulei de măsline

(Gata in aproximativ 10 minute | 4 portii)

Per porție: Calorii: 289; Grăsimi: 8,2 g; Carbohidrați: 44,9 g; Proteine: 9,5 g

ingrediente

1 bagheta din faina integrala, feliata

4 linguri ulei de masline extravirgin

1/2 lingurita sare de mare

3 catei de usturoi, taiati la jumatate

Directii

Preîncălziți grătarul.

Ungeți fiecare felie de pâine cu ulei de măsline și stropiți cu sare de mare. Puneți sub broilerul preîncălzit timp de aproximativ 2 minute sau până când se prăjește ușor.

Frecati fiecare felie de paine cu usturoi si serviti. Bucura-te de masa ta!

Chiftele vegane clasice

(Gata in aproximativ 15 minute | 4 portii)

Per porție: Calorii: 159; Grăsimi: 9,2 g; Carbohidrați: 16,3 g; Proteine: 2,9 g

ingrediente

1 cană de orez brun, fiert și răcit

1 cană de fasole roșie conservată sau fiartă, scursă

1 lingurita usturoi proaspat, tocat

1 ceapa mica, tocata

Sare de mare si piper negru macinat, dupa gust

1/2 lingurita piper cayenne

1/2 lingurita boia afumata

1/2 lingurita de seminte de coriandru

1/2 linguriță de semințe de muștar de coriandru

2 linguri de ulei de măsline

Directii

Într-un castron, amestecați bine toate ingredientele, cu excepția uleiului de măsline. Se amestecă să se amestece bine și apoi, cu mâinile unse cu ulei, se formează bile egale.

Apoi, încălziți uleiul de măsline într-o tigaie antiaderentă la foc mediu. Odată fierbinți, prăjiți chiftelele aproximativ 10 minute până se rumenesc pe toate părțile.

Serviți cu bețișoare de cocktail și bucurați-vă!

Păstârnac prăjit cu balsamic

(Gata in aproximativ 30 de minute | 6 portii)

Per porție: Calorii: 174; Grăsimi: 9,3 g; Carbohidrați: 22,2 g; Proteine: 1,4 g

ingrediente

1 1/2 kg păstârnac, tăiat în bețișoare

1/4 cană ulei de măsline

1/4 cana otet balsamic

1 lingurita mustar de Dijon

1 lingurita de seminte de fenicul

Sare de mare si piper negru macinat, dupa gust

1 lingurita amestec de condimente mediteraneene

Directii

Combinați toate ingredientele într-un castron până când păstârnacul este bine acoperit.

Prăjiți păstârnacul într-un cuptor preîncălzit la 200 de grade pentru aproximativ 30 de minute, amestecând la jumătatea gătitului.

Serviți la temperatura camerei și bucurați-vă de mâncare!

Baba Ganoush tradițional

(Gata in aproximativ 25 de minute | 8 portii)

Per porție: Calorii: 104; Grăsimi: 8,2 g; Carbohidrați: 5,3 g; Proteine: 1,6 g

ingrediente

1 kilogram de vinete, tăiate în inele

1 lingurita sare de mare grunjoasa

3 linguri de ulei de măsline

3 linguri de suc proaspăt de lămâie

2 catei de usturoi, tocati

3 linguri de tahini

1/4 lingurita cuisoare macinate

1/2 lingurita de chimen macinat

2 linguri patrunjel proaspat, tocat grosier

Directii

Frecați cu sare de mare peste rondele de vinete. Apoi puneți-le într-o strecurătoare și lăsați-le să se odihnească aproximativ 15 minute; Scurgeți, clătiți și uscați cu hârtie de bucătărie.

Prăjiți vinetele până când coaja devine neagră; curățați vinetele de coajă și transferați-le în bolul robotului dvs. de bucătărie.

Adăugați uleiul de măsline, sucul de lămâie, usturoiul, tahini, cuișoarele și chimenul. Se amestecă până când totul este bine încorporat.

Ornează cu frunze de pătrunjel proaspăt și bucură-te de mâncare!

Mușcături de curmale cu unt de arahide

(Gata in aproximativ 5 minute | 2 portii)

Per porție: Calorii: 143; Grăsimi: 3,9 g; Carbohidrați: 26,3 g; Proteine: 2,6 g

ingrediente

- 8 curmale proaspete, fără sâmburi și tăiate la jumătate
- 8 lingurite de unt de arahide
- 1/4 lingurita de scortisoara macinata

Directii

Împărțiți untul de arahide între jumătățile de curmale.

Stropiți cu scorțișoară și serviți imediat. Bucura-te de masa ta!

Dip de conopidă prăjită

(Gata in aproximativ 30 de minute | 7 portii)

Per porție: Calorii: 142; Grăsimi: 12,5 g; Carbohidrați: 6,3 g; Proteine: 2,9 g

ingrediente

1 lb. buchețele de conopidă

1/4 cană ulei de măsline

4 linguri de tahini

1/2 lingurita boia

Sare de mare si piper negru macinat, dupa gust

2 linguri de suc proaspăt de lămâie

2 catei de usturoi, tocati

Directii

Începeți prin a preîncălzi cuptorul la 420 de grade F. Stropiți buchețelele de conopidă cu ulei de măsline și aranjați-le pe o tavă de copt tapetată cu pergament.

Coaceți aproximativ 25 de minute sau până când se înmoaie.

Apoi amestecați conopida împreună cu celelalte ingrediente, adăugând lichidul de gătit dacă este necesar.

Stropiți cu puțin ulei de măsline extravirgin, dacă doriți. Bucura-te de masa ta!

Rulouri ușoare de dovlecel

(Gata in aproximativ 10 minute | 5 portii)

Per porție: Calorii: 99; Grăsimi: 4,4 g; Carbohidrați: 12,1 g; Proteine: 3,1 g

ingrediente

1 cană de hummus, de preferat de casă

1 roșie medie, tocată

1 lingurita mustar

1/4 lingurita oregano

1/2 lingurita piper cayenne

Sare de mare si piper negru macinat, dupa gust

1 dovlecel mare, tăiat fâșii

2 linguri busuioc proaspăt, tocat

2 linguri patrunjel proaspat, tocat

Directii

Într-un castron, combinați bine humusul, roșiile, muștarul, oregano, cayenne, sare și piper negru.

Împărțiți umplutura între fâșiile de dovlecel și întindeți uniform. Rulați dovlecelul și ornat cu busuioc proaspăt și pătrunjel.

Bucura-te de masa ta!

Cartofi prăjiți Chipotle Dulci

(Gata in aproximativ 45 de minute | 4 portii)

Per porție: Calorii: 186; Grăsimi: 7,1 g; Carbohidrați: 29,6 g; Proteine: 2,5 g

ingrediente

4 cartofi dulci medii, curatati de coaja si taiati in batoane

2 linguri de ulei de arahide

Sare de mare si piper negru macinat, dupa gust

1 lingurita de pudra de chili

1/4 linguriță ienibahar măcinat

1 lingurita zahar brun

1 lingurita rozmarin uscat

Directii

Condimentam cartofii prajiti cu celelalte ingrediente.

Coaceți cartofii prăjiți la 375 de grade F aproximativ 45 de minute sau până când devin maro auriu; asigurați-vă că amestecați cartofii prăjiți o dată sau de două ori.

Serviți cu sosul preferat, dacă doriți. Bucura-te de masa ta!

Sos de fasole Cannellini

(Gata in aproximativ 10 minute | 6 portii)

Per porție: Calorii: 123; Grăsimi: 4,5 g; Carbohidrați: 15,6 g; Proteine: 5,6 g

ingrediente

10 uncii de fasole cannellini conservate, scurse

1 catel de usturoi, tocat

2 ardei copți, tăiați felii

Piper negru de mare proaspăt măcinat, după gust

1/2 lingurita de chimen macinat

1/2 linguriță de semințe de muștar

1/2 lingurita frunze de dafin macinate

3 linguri de tahini

2 linguri patrunjel italian proaspat, tocat

Directii

Pune toate ingredientele, cu excepția pătrunjelului, în vasul blenderului sau al robotului de bucătărie. Se amestecă până se omogenizează bine.

Transferați sosul într-un castron de servire și decorați cu pătrunjel proaspăt.

Serviți cu felii de pita, chipsuri tortilla sau bețișoare de legume, dacă doriți. A se distra!

Conopida prăjită condimentată

(Gata în aproximativ 25 de minute | 6 porții)

Per porție: Calorii: 115; Grăsimi: 9,3 g; Carbohidrați: 6,9 g; Proteine: 5,6 g

ingrediente

1 1/2 kilograme de buchețe de conopidă

1/4 cană ulei de măsline

4 linguri de otet de mere

2 catei de usturoi, storsi

1 lingurita busuioc uscat

1 lingurita oregano uscat

Sare de mare si piper negru macinat, dupa gust

Directii

Începeți prin a preîncălzi cuptorul la 420 de grade F.

Condimentam buchetelele de conopida cu celelalte ingrediente.

Aranjați buchețelele de conopidă pe o tavă de copt tapetată cu pergament. Coaceți buchețelele de conopidă într-un cuptor preîncălzit pentru aproximativ 25 de minute sau până când se carbonizează ușor.

Bucura-te de masa ta!

Toum libanez uşor

(Gata in aproximativ 10 minute | 6 portii)

Per porție: Calorii: 252; Grasimi: 27 g; Carbohidrați: 3,1 g; Proteine: 0,4 g

ingrediente

2 capete de usturoi

1 lingurita sare de mare grunjoasa

1 1/2 cani de ulei de masline

1 lămâie, proaspăt storsă

2 căni de morcovi, tăiați în bețișoare de chibrit

Directii

Cățeii de usturoi și sarea se fac piure în robotul de bucătărie al unui blender la viteză mare până devin cremos și neted, răzuind părțile laterale ale bolului.

Adăugați treptat și încet uleiul de măsline și sucul de lămâie, alternând aceste două ingrediente pentru a crea un sos pufos.

Se amestecă până când sosul s-a îngroșat. Serviți cu bețișoare de morcov și bucurați-vă!

Avocado cu sos de ghimbir picant

(Gata in aproximativ 10 minute | 4 portii)

Per porție: Calorii: 295; Grăsimi: 28,2 g; Carbohidrați: 11,3 g; Proteine: 2,3 g

ingrediente

2 avocado, fără sâmburi și tăiați la jumătate

1 cățel de usturoi, stors

1 lingurita de ghimbir proaspat, curatat si tocat

2 linguri de otet balsamic

4 linguri ulei de masline extravirgin

Sare kosher și piper negru măcinat, după gust

Directii

Aranjați jumătățile de avocado pe un platou de servire.

Amesteca usturoiul, ghimbirul, otetul, uleiul de masline, sarea si piperul negru intr-un castron mic. Împărțiți salsa între jumătățile de avocado.

Bucura-te de masa ta!

Pregătit pentru gustări cu năut

(Gata in aproximativ 30 de minute | 8 portii)

Per porție: Calorii: 109; Grăsimi: 7,9 g; Carbohidrați: 7,4 g; Proteine: 3,4 g

ingrediente

1 cană de năut prăjit, scurs

2 linguri ulei de cocos, topit

1/4 cană semințe de dovleac crude

1/4 cană nuci pecan crude

1/3 cană cireșe uscate

Directii

Uscați năutul cu prosoape de hârtie. Stropiți năutul cu ulei de cocos.

Prăjiți năutul în cuptorul preîncălzit la 180 de grade pentru aproximativ 20 de minute, întorcându-l o dată sau de două ori.

Aruncați năutul cu semințele de dovleac și jumătățile de nuci pecan. Continuați să gătiți până când nucile sunt parfumate aproximativ 8 minute; se lasa sa se raceasca complet.

Adăugați cireșele uscate și amestecați pentru a se combina. Bucura-te de masa ta!

Muhammara Dip cu o răsucire

(Gata in aproximativ 35 de minute | 9 portii)

Per porție: Calorii: 149; Grăsimi: 11,5 g; Carbohidrați: 8,9 g; Proteine: 2,4 g

ingrediente

3 ardei rosii

5 linguri de ulei de măsline

2 catei de usturoi, tocati

1 rosie, tocata

3/4 cană pesmet

2 linguri de melasa

1 lingurita chimen macinat

1/4 seminte de floarea soarelui, prajite

1 ardei Maras, tocat

2 linguri de tahini

Sare de mare si piper rosu, dupa gust

Directii

Începeți prin a preîncălzi cuptorul la 400 de grade F.

Aranjați ardeii pe o tavă de copt tapetată cu hârtie de copt. Gatiti aproximativ 30 de minute; curățați ardeii și transferați-i în robotul de bucătărie.

Între timp, încălziți 2 linguri de ulei de măsline într-o tigaie la foc mediu-mare. Se calesc usturoiul si rosiile aproximativ 5 minute sau pana se inmoaie.

Adăugați legumele sotate în robotul de bucătărie. Adăugați celelalte ingrediente și lucrați până obțineți o cremă netedă.

Bucura-te de masa ta!

Crostini cu spanac, naut si usturoi

(Gata in aproximativ 10 minute | 6 portii)

Per porție: Calorii: 242; Grăsimi: 6,1 g; Carbohidrați: 38,5 g; Proteine: 8,9 g

ingrediente

1 bagheta, taiata in felii

4 linguri ulei de masline extravirgin

Sare de mare si piper rosu, pentru condimentare

3 catei de usturoi, tocati

1 cană de năut fiert, scurs

2 căni de spanac

1 lingura de suc proaspat de lamaie

Directii

Preîncălziți grătarul.

Ungeți feliile de pâine cu 2 linguri de ulei de măsline și stropiți cu sare de mare și fulgi de ardei roșu. Puneți sub broilerul preîncălzit timp de aproximativ 2 minute sau până când se prăjește ușor.

Într-un castron, amestecați cu grijă usturoiul, năutul, spanacul, sucul de lămâie și restul de 2 linguri de ulei de măsline.

Se toarnă amestecul de năut peste fiecare pâine prăjită. Bucura-te de masa ta!

Chiftele Ciuperci Și Fasole Cannellini

(Gata in aproximativ 15 minute | 4 portii)

Per porție: Calorii: 195; Grăsimi: 14,1 g; Carbohidrați: 13,2 g; Proteine: 3,9 g

ingrediente

4 linguri de ulei de măsline

1 cană ciuperci buton, tocate

1 şalotă, tocată

2 catei de usturoi, macinati

1 cană fasole cannellini conservată sau fiartă, scursă

1 cană quinoa, fiartă

Sare de mare si piper negru macinat, dupa gust

1 lingurita boia afumata

1/2 lingurita fulgi de chili

1 linguriță de semințe de muştar

1/2 lingurita marar uscat

Directii

Încinge 2 linguri de ulei de măsline într-o tigaie antiaderentă. Odată fierbinte, gătiți ciupercile și eșalota timp de 3 minute sau până când sunt doar fragede.

Adăugați usturoiul, fasolea, quinoa și condimentele. Se amestecă să se amestece bine și apoi, cu mâinile unse cu ulei, se formează bile egale.

Apoi, încălziți restul de 2 linguri de ulei de măsline într-o tigaie antiaderență la foc mediu. Odată fierbinți, prăjiți chiftelele aproximativ 10 minute până se rumenesc pe toate părțile.

Serviți cu bețișoare de cocktail. Bucura-te de masa ta!

Rotunde de castraveți cu hummus

(Gata in aproximativ 10 minute | 6 portii)

Per porție: Calorii: 88; Grăsimi: 3,6 g; Carbohidrați: 11,3 g; Proteine: 2,6 g

ingrediente

1 cană de hummus, de preferat de casă

2 roșii mari, tăiate cubulețe

1/2 lingurita fulgi de chili

Sare de mare si piper negru macinat, dupa gust

2 castraveți englezești, tăiați în inele

Directii

Împărțiți dip-ul de hummus între castraveți.

Acoperiți-le cu roșii; presara fiecare castravete cu fulgi de ardei rosu, sare si piper negru.

Serviți rece și bucurați-vă de mâncare!

Mușcături de jalapeño umplute

(Gata in aproximativ 15 minute | 6 portii)

Per porție: Calorii: 108; Grăsimi: 6,6 g; Carbohidrați: 7,3 g; Proteine: 5,3 g

ingrediente

1/2 cană semințe de floarea soarelui crude, înmuiate peste noapte și scurse

4 linguri de eșalotă, tocată

1 lingurita de usturoi, tocat

3 linguri drojdie nutritiva

1/2 cană smântână de ceapă

1/2 lingurita piper cayenne

1/2 linguriță de semințe de muștar

12 jalapeños, tăiate la jumătate și fără semințe

1/2 cană pesmet

Directii

În robotul de bucătărie sau în blenderul de mare viteză, amestecați semințele crude de floarea soarelui, eșalota, usturoiul, drojdia nutritivă, supa, ardeiul cayenne și semințele de muștar până se combină bine.

Turnați amestecul în jalapeños și ungeți-le cu pesmet.

Coacem in cuptorul preincalzit la 200 de grade pentru aproximativ 13 minute sau pana cand ardeii s-au inmuiat. Se serveste fierbinte.

Bucura-te de masa ta!

Inele de ceapă în stil mexican

(Gata in aproximativ 35 de minute | 6 portii)

Per porție: Calorii: 213; Grăsimi: 10,6 g; Carbohidrați: 26,2 g; Proteine: 4,3 g

ingrediente

2 cepe medii, tăiate rondele

1/4 cană făină universală

1/4 cană făină de speltă

1/3 cana lapte de orez, neindulcit

1/3 cană bere lager

Sare de mare si piper negru macinat, pentru asezonare

1/2 lingurita piper cayenne

1/2 linguriță de semințe de muștar

1 cană chipsuri tortilla, tocate

1 lingura de ulei de masline

Directii

Începeți prin a preîncălzi cuptorul la 420 de grade F.

Într-un castron puțin adânc, amestecați făina, laptele și berea.

Într-un alt bol puțin adânc, amestecați condimentele cu chipsurile de tortilla tocate. Turnați rondelele de ceapă în amestecul de făină.

Apoi, rulați-le peste amestecul condimentat, apăsând pentru a le îmbrăca bine.

Aranjați rondelele de ceapă pe o foaie de copt tapetată cu hârtie de copt. Ungeți cu ulei de măsline și coaceți aproximativ 30 de minute. Bucura-te de masa ta!

Legume rădăcinoase prăjite

(Gata in aproximativ 35 de minute | 6 portii)

Per porție: Calorii: 261; Grăsimi: 18,2 g; Carbohidrați: 23,3 g; Proteine: 2,3 g

ingrediente

1/4 cană ulei de măsline

2 morcovi, curățați și tăiați în bucăți de 1 1/2 inch

2 păstârnac, curățați și tăiați în bucăți de 1 1/2 inch

1 tulpină de țelină, curățată și tăiată în bucăți de 1 1/2 inch

1 kilogram de cartofi dulci, decojiți și tăiați în bucăți de 1 1/2 inch

1/4 cană ulei de măsline

1 linguriță de semințe de muștar

1/2 lingurita busuioc

1/2 lingurita oregano

1 lingurita de fulgi de chili

1 lingurita de cimbru uscat

Sare de mare si piper negru macinat, dupa gust

Directii

Se condimentează legumele cu celelalte ingrediente până se îmbracă bine.

Prăjiți legumele în cuptorul preîncălzit la 200°C pentru aproximativ 35 de minute, amestecând la jumătatea gătitului.

Gustați, ajustați condimentele și serviți fierbinți. Bucura-te de masa ta!

Hummus în stil indian

(Gata in aproximativ 10 minute | 10 portii)

Per porție: Calorii: 171; Grăsimi: 10,4 g; Carbohidrați: 15,3 g; Proteine: 5,4 g

ingrediente

20 uncii de naut la conserva sau fiert, scurs

1 lingurita de usturoi, feliat

1/4 cană de tahini

1/4 cană ulei de măsline

1 lime, proaspăt stors

1/4 lingurita turmeric

1/2 lingurita de chimen macinat

1 lingurita praf de curry

1 lingurita seminte de coriandru

1/4 cană lichid de năut sau mai mult dacă este necesar

2 linguri coriandru proaspat, tocat grosier

Directii

Amestecați năutul, usturoiul, tahini, uleiul de măsline, lime, turmericul, chimenul, praful de curry și semințele de coriandru într-un blender sau robot de bucătărie.

Mixați până ajungeți la consistența dorită, adăugând treptat lichidul de năut.

A se pastra la frigider pana la servire. Se ornează cu coriandru proaspăt.

Serviți cu pâine naan sau batoane de legume dacă doriți. Bucura-te de masa ta!

Salsa De Morcovi și Fasole Prăjită

(Gata in aproximativ 55 de minute | 10 portii)

Per porție: Calorii: 121; Grăsimi: 8,3 g; Carbohidrați: 11,2 g; Proteine: 2,8 g

ingrediente

1 1/2 kilograme morcovi, tăiați

2 linguri de ulei de măsline

4 linguri de tahini

8 uncii de fasole cannellini conservate, scurse

1 lingurita de usturoi, tocat

2 linguri de suc de lamaie

2 linguri de sos de soia

Sare de mare si piper negru macinat, dupa gust

1/2 lingurita boia

1/2 lingurita marar uscat

1/4 cană pepitas, prăjite

Directii

Începeți prin a preîncălzi cuptorul la 390 de grade F. Tapetați o tavă de copt cu hârtie de copt.

Acum stropiți morcovii cu ulei de măsline și puneți-i pe foaia de copt pregătită.

Prăjiți morcovii timp de aproximativ 50 de minute sau până când se înmoaie. Transferați morcovii prăjiți în bolul mixerului dumneavoastră.

Adăugați tahini, fasole, usturoi, sucul de lămâie, sos de soia, sare, piper negru, boia de ardei și mărar. Procesați până când sosul este cremos și uniform.

Se ornează cu pepita prăjite și se servește cu oală la alegere. Bucura-te de masa ta!

Sushi cu dovlecei rapid și ușor

(Gata in aproximativ 10 minute | 5 portii)

Per porție: Calorii: 129; Grăsimi: 6,3 g; Carbohidrați: 15,9 g; Proteine: 2,5 g

ingrediente

1 cană de orez, fiert

1 morcov, ras

1 ceapa mica, rasa

1 avocado, tocat

1 catel de usturoi, tocat

Sare de mare si piper negru macinat, dupa gust

1 dovlecel mediu, tăiat fâșii

Dip de wasabi, de servit

Directii

Într-un castron, combinați cu grijă orezul, morcovul, ceapa, avocado, usturoiul, sarea și piperul negru.

Împărțiți umplutura între fâșiile de dovlecel și întindeți uniform. Rulați dovleceii și serviți cu sos Wasabi.

Bucura-te de masa ta!

Roșii Cherry Cu Hummus

(Gata in aproximativ 10 minute | 8 portii)

Per porție: Calorii: 49; Grăsimi: 2,5 g; Carbohidrați: 4,7 g; Proteine: 1,3 g

ingrediente

1/2 cană de hummus, de preferință de casă

2 linguri de maioneză vegană

1/4 cană eșalotă, tocată

16 roșii cherry, scoateți pulpa

2 linguri coriandru proaspăt, tocat

Directii

Într-un castron, amestecați bine humusul, maioneza și șota.

Împărțiți amestecul de hummus între roșii. Se ornează cu coriandru proaspăt și se servește.

Bucura-te de masa ta!

Ciuperci buton la cuptor

(Gata in aproximativ 20 de minute | 4 portii)

Per porție: Calorii: 136; Grăsimi: 10,5 g; Carbohidrați: 7,6 g; Proteine: 5,6 g

ingrediente

1 1/2 kilograme ciuperci buton, curățate

3 linguri de ulei de măsline

3 catei de usturoi, tocati

1 lingurita oregano uscat

1 lingurita busuioc uscat

1/2 lingurita rozmarin uscat

Sare kosher și piper negru măcinat, după gust

Directii

Condimentam ciupercile cu celelalte ingrediente.

Aranjați ciupercile pe o tavă de copt tapetată cu hârtie de copt.

Coaceți ciupercile în cuptorul preîncălzit la 200 de grade pentru aproximativ 20 de minute sau până când sunt fragede și parfumate.

Aranjați ciupercile pe un platou și serviți cu bețișoare de cocktail. Bucura-te de masa ta!

Chips de varză

(Gata în aproximativ 1 oră și 30 de minute | 6 porții)

Per porție: Calorii: 121; Grăsimi: 7,5 g; Carbohidrați: 8,4 g; Proteine: 6,5 g

ingrediente

1/2 cană semințe de floarea soarelui, înmuiate peste noapte și scurse

1/2 cană caju, înmuiate peste noapte și scurse

1/3 cană drojdie nutritivă

2 linguri de suc de lamaie

1 lingurita praf de ceapa

1 lingurita praf de usturoi

1 lingurita de boia

Sare de mare si piper negru macinat, dupa gust

1/2 cană de apă

4 căni de varză, mărunțită

Directii

În robotul dvs. de bucătărie sau în blenderul de mare viteză, amestecați semințele crude de floarea soarelui, caju, drojdia nutritivă, sucul de lămâie, praf de ceapă, praf de usturoi, boia de ardei, sare, piper negru măcinat și apă până se omogenizează bine.

Se toarnă amestecul peste frunzele de kale și se amestecă până se îmbracă bine.

Coaceți într-un cuptor preîncălzit la 220 de grade F pentru aproximativ 1 oră și 30 de minute sau până devine crocant.

Bucura-te de masa ta!

Barci cu avocado hummus

(Gata in aproximativ 10 minute | 4 portii)

Per porție: Calorii: 297; Grăsimi: 21,2 g; Carbohidrați: 23,9 g; Proteine: 6 g

ingrediente

1 lingura de suc proaspat de lamaie

2 avocado coapte, tăiate la jumătate și fără sâmburi

8 oz de hummus

1 catel de usturoi, tocat

1 roșie medie, tocată

Sare de mare si piper negru macinat, dupa gust

1/2 lingurita pudra de turmeric

1/2 lingurita piper cayenne

1 lingura de tahini

Directii

Stropiți cu suc proaspăt de lămâie pe jumătățile de avocado.

Se amestecă hummus-ul, usturoiul, roșia, sare, piper negru, pudră de turmeric, piper cayenne și tahini. Turnați umplutura în avocado.

Serviți imediat.

Ciuperci Nacho umplute

(Gata in aproximativ 25 de minute | 5 portii)

Per porție: Calorii: 210; Grăsimi: 13,4 g; Carbohidrați: 17,7 g; Proteine: 6,9 g

ingrediente

1 cană chipsuri tortilla, tocate

1 cana fasole neagra conservata sau fiarta, scursa

4 linguri de unt vegan

2 linguri de tahini

4 linguri de eșalotă, tocată

1 lingurita de usturoi, tocat

1 jalapeno, tocat

1 lingurita de oregano mexican

1 lingurita de piper cayenne

Sare de mare si piper negru macinat, dupa gust

15 ciuperci nasturi medii, curățate, tulpinile îndepărtate

Directii

Combinați bine toate ingredientele, cu excepția ciupercilor, într-un bol de amestecare.

Împărțiți amestecul de nacho între ciuperci.

Coacem in cuptorul preincalzit la 180°C timp de aproximativ 20 de minute sau pana cand se inmoaie si sunt fierte. Bucura-te de masa ta!

Învelișuri de salată verde cu hummus și avocado

(Gata in aproximativ 10 minute | 6 portii)

Per porție: Calorii: 115; Grăsimi: 6,9 g; Carbohidrați: 11,6 g; Proteine: 2,6 g

ingrediente

1/2 cană de hummus

1 rosie, tocata

1 morcov, tocat

1 avocado mediu, fără sâmburi și tăiat cubulețe

1 lingurita de otet alb

1 lingurita de sos de soia

1 lingurita sirop de agave

1 lingura de sos Sriracha

1 lingurita de usturoi, tocat

1 lingurita de ghimbir, proaspat ras

Sare kosher și piper negru măcinat, după gust

1 salata verde cu unt, separata in frunze

Directii

Combinați bine humusul, roșia, morcovul și avocado. Combinați oțetul alb, sosul de soia, siropul de agave, sosul Sriracha, usturoiul, ghimbirul, sare și piper negru.

Împărțiți umplutura între frunzele de salată verde, rulați-le și serviți cu sosul în lateral.

Bucura-te de masa ta!

Varză de Bruxelles prăjită

(Gata in aproximativ 35 de minute | 6 portii)

Per porție: Calorii: 151; Grăsimi: 9,6 g; Carbohidrați: 14,5 g; Proteine: 5,3 g

ingrediente

2 kilograme de varză de Bruxelles

1/4 cană ulei de măsline

Sare de mare grunjoasă și piper negru măcinat, după gust

1 lingurita de fulgi de chili

1 lingurita oregano uscat

1 lingurita patrunjel uscat

1 linguriță de semințe de muștar

Directii

Se amestecă varza de Bruxelles cu ingredientele rămase până când sunt bine acoperite.

Prăjiți legumele în cuptorul preîncălzit la 200°C pentru aproximativ 35 de minute, amestecând la jumătatea gătitului.

Gustați, ajustați condimentele și serviți fierbinți. Bucura-te de masa ta!

Poppers de cartofi dulci Poblano

(Gata in aproximativ 25 de minute | 7 portii)

Per porție: Calorii: 145; Grăsimi: 3,6 g; Carbohidrați: 24,9 g; Proteine: 5,3 g

ingrediente

1/2 kilogram de conopidă, tăiată și tăiată cubulețe

1 kg de cartofi dulci, curățați și tăiați cubulețe

1/2 cană lapte caju, neîndulcit

1/4 cană maioneză vegană

1/2 lingurita praf de curry

1/2 lingurita piper cayenne

1/4 lingurita marar uscat

Piper negru marin și măcinat, după gust

1/2 cană pesmet proaspăt

14 ardei poblano proaspeți, tăiați la jumătate, fără semințe

Directii

Se fierbe conopida și cartofii dulci aproximativ 10 minute sau până se înmoaie. Acum pasează-le cu laptele de caju.

Adăugați maioneza vegană, pudra de curry, ardeiul cayenne, mărarul, sare și piper negru.

Se toarnă amestecul peste ardei și se ornează cu pesmet.

Coacem in cuptorul preincalzit la 200 de grade pentru aproximativ 13 minute sau pana cand ardeii s-au inmuiat.

Bucura-te de masa ta!

Chips de dovlecel copt

(Gata în aproximativ 1 oră și 30 de minute | 7 porții)

Per porție: Calorii: 48; Grăsimi: 4,2 g; Carbohidrați: 2 g; Proteine: 1,7 g

ingrediente

1 lb. dovlecel, tăiat în felii groase de 1/8 inch

2 linguri de ulei de măsline

1/2 lingurita oregano uscat

1/2 lingurita busuioc uscat

1/2 lingurita fulgi de chili

Sare de mare si piper negru macinat, dupa gust

Directii

Asezonați dovleceii cu celelalte ingrediente.

Aranjați feliile de dovlecel într-un singur strat pe o tavă de copt tapetată cu pergament.

Coaceți la 235 de grade F timp de aproximativ 90 de minute până când devine crocant și auriu. Cartofii prăjiți cu dovlecei vor deveni crocanți pe măsură ce se răcesc.

Bucura-te de masa ta!

Dip autentic libanez

(Gata in aproximativ 10 minute | 12 portii)

Per porție: Calorii: 117; Grăsimi: 6,6 g; Carbohidrați: 12,2 g; Proteine: 4,3 g

ingrediente

2 conserve (15 oz) năut/năut

4 linguri de suc de lamaie

4 linguri de tahini

2 linguri de ulei de măsline

1 lingurita pasta de ghimbir-usturoi

1 linguriță amestec libanez cu 7 condimente

Sare de mare si piper negru macinat, dupa gust

1/3 cană lichid de năut

Directii

Amestecați năutul, sucul de lămâie, tahini, uleiul de măsline, pasta de ghimbir și usturoi și condimentele într-un blender sau robot de bucătărie.

Mixați până ajungeți la consistența dorită, adăugând treptat lichidul de năut.

A se pastra la frigider pana la servire. Serviți cu bețișoare de legume, dacă doriți. Bucura-te de masa ta!

Chiftele vegane din fulgi de ovaz

(Gata in aproximativ 15 minute | 4 portii)

Per porție: Calorii: 284; Grăsimi: 10,5 g; Carbohidrați: 38,2 g; Proteine: 10,4 g

ingrediente

1 cană de ovăz rulat

1 cană de năut fiert sau conservat

2 catei de usturoi, tocati

1 lingurita praf de ceapa

1/2 lingurita de chimen macinat

1 lingurita fulgi de patrunjel uscat

1 lingurita maghiran uscat

1 lingura de seminte de chia, inmuiate cu 2 linguri de apa

Câteva stropi de fum lichid

Sare de mare și piper negru proaspăt măcinat, după gust

2 linguri de ulei de măsline

Directii

Se amestecă bine ingredientele, cu excepția uleiului de măsline. Se amestecă să se amestece bine și apoi, cu mâinile unse cu ulei, se formează bile egale.

Apoi, încălziți uleiul de măsline într-o tigaie antiaderentă la foc mediu. Odată fierbinți, prăjiți chiftelele aproximativ 10 minute până se rumenesc pe toate părțile.

Aranjați chiftelele pe un platou și serviți cu bețișoare de cocktail. Bucura-te de masa ta!

Barci cu ardei cu salsa de mango

(Gata in aproximativ 5 minute | 4 portii)

Per porție: Calorii: 74; Grăsimi: 0,5 g; Carbohidrați: 17,6 g; Proteine: 1,6 g

ingrediente

1 mango, decojit, fără sâmburi, tăiat cubulețe

1 șalotă mică, tocată

2 linguri coriandru proaspăt, tocat

1 ardei iute roșu, fără semințe și tocat

1 lingura de suc proaspat de lamaie

4 ardei grasi, fara samburi si taiati in jumatate

Directii

Combinați bine mango, eșalotă, coriandru, fulgi de ardei roșu și sucul de lămâie.

Turnați amestecul în jumătățile de ardei și serviți imediat.

Bucura-te de masa ta!

Buchetele de broccoli picante cu rozmarin

(Gata in aproximativ 35 de minute | 6 portii)

Per porție: Calorii: 135; Grasimi: 9,5 g; Carbohidrați: 10,9 g; Proteine: 4,4 g

ingrediente

2 kilograme de buchețele de broccoli

1/4 cană ulei de măsline extravirgin

Sare de mare si piper negru macinat, dupa gust

1 lingurita pasta de ghimbir-usturoi

1 lingura rozmarin proaspat, tocat

1/2 lingurita coaja de lamaie

Directii

Se amestecă broccoli cu celelalte ingrediente până se îmbracă bine.

Prăjiți legumele în cuptorul preîncălzit la 200°C pentru aproximativ 35 de minute, amestecând la jumătatea gătitului.

Gustați, ajustați condimentele și serviți fierbinți. Bucura-te de masa ta!

Chipsuri crocante de sfeclă roşie la cuptor

(Gata in aproximativ 35 de minute | 6 portii)

Per porţie: Calorii: 92; Grăsimi: 9,1 g; Carbohidraţi: 2,6 g; Proteine: 0,5 g

ingrediente

2 sfeclă roşie, curăţată şi tăiată în felii groase de 1/8 inch

1/4 cană ulei de măsline

Sare de mare si piper negru macinat, dupa gust

1/2 lingurita fulgi de chili

Directii

Se condimentează feliile de sfeclă roşie cu celelalte ingrediente.

Aranjaţi feliile de sfeclă roşie într-un singur strat pe o tavă de copt tapetată cu pergament.

Coaceți la 400 de grade F timp de aproximativ 30 de minute până devine crocant. Bucura-te de masa ta!

Unt vegan clasic

(Gata in aproximativ 10 minute | 16 portii)

Per porție: Calorii: 89; Grăsimi: 10,1 g; Carbohidrați: 0,2g; Proteine: 0,1 g

ingrediente

2/3 cană ulei de cocos rafinat, topit

1 lingura ulei de floarea soarelui

1/4 cană lapte de soia

1/2 lingurita otet de malt

1/3 lingurita sare de mare grunjoasa

Directii

Adăugaţi uleiul de cocos, uleiul de floarea soarelui, laptele şi oţetul în vasul blenderului. Se amestecă pentru a se amesteca bine.

Adăugaţi sarea de mare şi continuaţi să amestecaţi până când amestecul este cremos şi neted; da la frigider pana se fixeaza.

Bucura-te de masa ta!

Chipurile mediteraneene de dovlecei

(Gata in aproximativ 20 de minute | 4 portii)

Per porţie: Calorii: 260; Grăsimi: 14,1 g; Carbohidraţi: 27,1 g; Proteine: 4,6 g

ingrediente

1 cană făină universală

1/2 lingurita praf de copt

1/2 lingurita oregano uscat

1/2 lingurita busuioc uscat

1/2 lingurita rozmarin uscat

Sare de mare si piper negru macinat, dupa gust

1 1/2 cani de dovlecel, ras

1 ou de chia

1/2 cană de lapte de orez

1 lingurita de usturoi, tocat

2 linguri de eșalotă, feliată

4 linguri de ulei de măsline

Directii

Combinați bine făina, praful de copt și condimentele. Într-un castron separat, combinați dovlecelul, oul de chia, laptele, usturoiul și șota.

Adăugați amestecul de dovlecel în amestecul de făină uscată; se amestecă pentru a se amesteca bine.

În continuare, încălziți uleiul de măsline într-o tigaie la foc moderat. Gătiți clătitele timp de 2 până la 3 minute pe fiecare parte până când se rumenesc.

Bucura-te de masa ta!

www.ingramcontent.com/pod-product-compliance
Lightning Source LLC
Chambersburg PA
CBHW071237080526
44587CB00013BA/1656